IIILegalteca

IIIARANZADI LA LEY

Activa tu IIILegalteca

Código de activación *: 1SBN3WEY

Accede a la versión electrónica de este libro en la Biblioteca Digital IIILegalteca siguiendo estas instrucciones:

1. Escanea este código QR
   o abre tu navegador de internet y accede a
   https://www.aranzadilaley.es/activatulegalteca

2. Inserta el **Código de activación** que aparece al inicio de esta página y pulsa **Validar código.**

3. Una vez validado el código aparecerá una nueva pantalla, en la que debes identificarte con tu usuario y contraseña o definirla si no eres usuario, a continuación, pulsa **Activar.**

Completado el proceso, podrás entrar en tu biblioteca para ver el libro en tu estantería.

* Este código podrá ser utilizado para una descarga, dejará de estar operativo a partir del momento en el que exista una edición posterior o descatalogación. Te recomendamos que procedas a la descarga de la obra en **IIILegalteca** lo antes posible.

IIILegalteca

IIIΛRANZADI LA LEY

Descubre las ventajas de IIILegalteca, la mayor biblioteca digital profesional de España

IIILegalteca es la biblioteca digital de **Aranzadi LA LEY** donde puedes ver y trabajar con todos los contenidos de autor que te ofrecemos, entre los que encontrarás además de libros, revistas, anuarios y obras actualizables.

Además, si tus publicaciones contienen formularios los podrás editar, imprimir, exportar y enviar desde el propio **IIILegalteca.**

Funcionalidades que marcan la diferencia en IIILegalteca

ACCESO OFFLINE

Puedes consultar las publicaciones desde cualquier dispositivo y sin necesidad de conexión a Internet. El usuario se puede descargar su publicación cómodamente para después acceder a ella.

PERSONALIZACIÓN

La posibilidad de añadir notas, marcas y resaltes en el contenido, copiar y generar dosieres con la información seleccionada multiplica la eficiencia en el trabajo diario.

DOSIERES

Esta funcionalidad facilita la labor de investigación, permitiendo agrupar un conjunto de recortes o extractos de una o varias publicaciones para tener localizada la información relacionada con un determinado caso, un expediente de un cliente o una tipología de asuntos.

BUSCADOR JURÍDICO

Con el potente buscador jurídico avanzado con semántica y relevancia incorporadas, encontrarás fácilmente la información sobre los textos de las obras, números de revistas o versiones de una obra y dosieres creados, en todos los contenidos de la biblioteca.

CONTENIDOS ENRIQUECIDOS

Una de las grandes ventajas es que todas las publicaciones en **IIILegalteca** tienen enlaces a legislación y jurisprudencia que permiten el acceso a quien sea suscriptor de la Base de Datos correspondiente.

MÁS INFORMACIÓN
Servicio de Atención al Cliente
https://www.aranzadilaley.es/contacto.html

INTELIGENCIA ARTIFICIAL Y DERECHO: PERSPECTIVAS IUSFILOSÓFICAS

ALFONSO BALLESTEROS SORIANO
Coordinador

INTELIGENCIA ARTIFICIAL Y DERECHO: PERSPECTIVAS IUSFILOSÓFICAS

Carlos Amunátegui Perelló
Alfonso Ballesteros Soriano
Jorge Crego
José Justo Megías Quirós
Manuel Rodríguez Puerto

Cuadernos Digitales. Derecho y Nuevas Tecnologías

Directores
JOSÉ CARLOS ESPIGARES HUETE
JOSÉ ANTONIO PÉREZ JUAN
FRANCISCO JAVIER SANJUÁN ANDRÉS

© José Carlos Espigares Huete, José Antonio Pérez Juan, Francisco Javier Sanjuán Andrés (Dirs.), 2024
© Editorial Aranzadi, S.A.U.

Proyecto «Abogacía Digital: Derecho y Nuevas Tecnologías» referencia DIPU1.21X-3 que forma parte del Convenio de colaboración entre la Excma. Diputación Provincial de Alicante y la Universidad Miguel Hernández, en el marco de la Transformación digital de la Provincia de Alicante (CENID, Centro de Inteligencia Artificial de la Provincia de Alicante, iniciativa de la Diputación y las Universidades de Alicante y Miguel Hernández).

Editorial Aranzadi, S.A.U.
C/ Collado Mediano, 9
28231 Las Rozas (Madrid)
Tel: 91 602 01 82
e-mail: clienteslaley@aranzadilaley.es
https://www.aranzadilaley.es

Primera edición: 2024

Depósito Legal: M-21225-2024
ISBN versión impresa con complemento electrónico: 978-84-10296-94-7
ISBN versión electrónica: 978-84-10296-93-0

Diseño, Preimpresión e Impresión: Editorial Aranzadi, S.A.U.
Printed in Spain

Índice General

Introducción

El título de la obra, *Inteligencia artificial y Derecho: Perspectivas iusfilosóficas*, forma parte del esfuerzo por dar cuenta de los cambios que ha experimentado la tecnología en las últimas décadas desde una perspectiva iusfilosófica. Estos cambios exigen, tanto una reflexión sobre el Derecho aplicable a la IA, como sobre la aplicación de la IA al Derecho.

A este doble propósito responden los trabajos que forman este volumen. Los dos primeros tienen un carácter propedéutico respecto al problema del Derecho aplicable a la IA. El primer capítulo procura dar cuenta del poder digital de las redes sociales basado en captar la atención, uno de los usos principales de la IA en la actualidad (BALLESTEROS SORIANO). El segundo trabajo se ocupa de las teorías de la información, dado que la comprensión de las mismas es esencial para una visión adecuada de la IA porque esta no es otra cosa que un mecanismo para controlar mecánicamente los flujos de información (AMUNÁTEGUI PERELLÓ).

En el tercer capítulo se aborda el marco normativo actual de la IA a nivel internacional, un marco que se encuentra, en muchos casos, todavía en fase de elaboración. Se presentan las aportaciones del marco ético de la UNESCO y los avances normativos que se están produciendo en el marco del Consejo de Europa y la UE (MEGÍAS QUIRÓS). Los dos últimos trabajos están consagrados a la aplicación de la IA al Derecho. El cuarto ofrece una síntesis de las propuestas de uso de la IA en el Derecho de carácter tripartito, propuestas que presentan una tendencia compartida, que es la sustitución de las normas generales que hoy son el núcleo de los sistemas jurídicos, por un Derecho personalizado (CREGO). El quinto y último trabajo está centrado en un aspecto central de la aplicación de la IA al Derecho, que es el de la decisión. Este aspecto requiere tomar en cuenta la existencia o no de verdaderas decisiones automáticas en el ámbito jurídico para detectar así el alcance y limitaciones de la aplicación de la IA en sus pretensiones de automatizar el Derecho (RODRÍGUEZ PUERTO).

La publicación de este libro se enmarca en el Proyecto «Las Relaciones jurídicas en la era digital. El uso de la inteligencia artificial por los poderes públicos», que forma parte del Convenio de colaboración entre la Excma. Diputación Provincial de Alicante y la Universidad Miguel Hernández, en el marco de la Transformación digital de la Provincia de Alicante (CENID, Centro de Inteligencia Artificial de la Provincia de Alicante, iniciativa de la Diputación y las Universidades de Alicante y Miguel Hernández). Este proyecto está dirigido por los profesores José Antonio Pérez Juan y Francisco Javier Sanjuán Andrés. A ellos y a los autores del libro hay que agradecer que este proyecto haya sido llevado a término.

Alfonso Ballesteros Soriano

Elche, 3 de junio de 2024

Capítulo 1

El poder digital para captar la atención. Una introducción iusfilosófica

Alfonso Ballesteros Soriano
Profesor Permanente Laboral de Filosofía del Derecho
Universidad Miguel Hernández

I. INTRODUCCIÓN

El ámbito en que el uso de la inteligencia artificial ha estado más extendido, más tiempo, afectando al mayor número de personas, han sido las redes sociales. El nombre «inteligencia artificial» no está exento de discusión y se elige por economía del lenguaje y por ser el término comúnmente empleado, aunque no es el más preciso. La terminología antropomórfica para estudiar la tecnología no logra captar lo que hace el *software* con la información y la envuelve de un aura de grandeza que no le corresponde, a pesar de su eficacia para fines comerciales. Si tuviéramos que explicar qué hace el *software* cuando hablamos de inteligencia artificial, podríamos precisar que es el procesamiento del lenguaje natural (texto o audio), el procesamiento de imágenes y vídeo o la detección de las emociones.

Estos medios de procesamiento de macrodatos de millones de personas han permitido elaborar perfiles o avatares muy precisos de los usuarios de las redes sociales e influir en su comportamiento de modos muy sutiles. Gracias a lo anterior, en cuanto el usuario abre una red social, un superordenador (un ordenador con una capacidad de cálculo muy superior a la de un ordenador convencional) dirige a su cerebro la información que más eficazmente lo mantendrá ante la pantalla. Como la red social posee un avatar interno casi idéntico al usuario, lo conoce en bastante profundidad para ofrecerle aquello que más puede captar su atención. Estos medios de procesamiento y perfilado se han empleado como instrumento al servicio del objetivo principal de los dueños de las redes sociales que es captar y mantener la atención del usuario.

Ante esta situación creo que la pregunta siguiente no ha sido respondida satisfactoriamente: «¿Qué Derecho necesitamos para proteger los bienes humanos dañados por las redes sociales? ¿Qué objetivo perseguido por las redes sociales es dañino para nuestros derechos?». Y la respuesta a dichas preguntas implica, en mi opinión, una pregunta previa: «¿En qué consiste el poder digital de las redes sociales? ¿Cómo se manifiesta? ¿Qué medios utiliza?». Es necesario abordar esta cuestión previa sobre el poder digital y tener una comprensión del mismo[1] para abordar jurídicamente este ámbito de manera realista. La reflexión iusfilosófica sobre el Derecho digital viene precedida por una reflexión filosófico-política del poder digital, que es la llevada a cabo aquí.

II. ¿QUÉ ES EL PODER DIGITAL?

El objeto de este capítulo, por tanto, es el poder digital de las redes sociales (en adelante, aludiré al «poder digital» a secas para referirme a este en particular)[2] como problema previo a cualquier orientación iusfilosófica del derecho aplicable a las redes sociales y, en general, al ámbito digital al

---

1. También en los estudios de dogmática jurídica es conveniente un conocimiento del fenómeno de que se trata. Es el caso del trabajo de BARRIO ANDRÉS, M., *Fundamentos del derecho de internet* (2.ª ed., CEPC, Madrid 2020), que viene precedido de un estudio completo sobre los orígenes, evolución y características de internet, para poder abordar en una segunda parte los principios generales y los derechos en internet.

2. El poder digital no está solo vinculado a las redes sociales y no tiene siempre, ni necesariamente, como objeto la atención. Una visión más amplia del poder digital, más allá de las redes sociales, la he desarrollado en BALLESTEROS, A., «La dominación digital: entre el enjambre y la colmena», en *La digitocracia a debate*, J. A. PÉREZ JUAN y F. J. SANJUÁN ANDRÉS (direct.), Thomson Reuters-Aranzadi, Cizur Menor 2022.

que tanto han contribuido a dar forma. Si el poder constituye una cuestión previa es por los bienes humanos que el poder puede, en su caso, dañar, reducir o perjudicar. Esta aproximación no es nueva, pues los derechos fundamentales surgen, precisamente, como limite al poder.

Con poder digital me refiero al poder de los propietarios de las redes sociales sobre los usuarios de las mismas. Un poder que supone una extensión de su propia voluntad en la voluntad de los usuarios. Esta extensión es habitualmente malentendida, o bien se minusvalora con una visión voluntarista del individuo que sostiene la neutralidad de la tecnología y excluye de toda responsabilidad a los ingenieros, o bien se exagera considerando que este poder de diseño del entorno digital determina por completo la conducta del individuo. La primera es una posición voluntarista que considera que toda atención es voluntaria. La segunda es la posición «ambientalista» que considera que toda atención es pasiva o involuntaria y viene determinada por el entorno.

Las redes sociales han estado asociadas habitualmente a su propia narrativa justificativa, particularmente, al hecho de que el acceso a las mismas es democrático, está abierto a todo el mundo. Cualquiera puede abrir una red social, crear contenidos y conectar con otros. Este carácter «democrático» o abierto responde a su peculiar modelo de negocio basado en captar la atención, como se verá, que implica no excluir a nadie como usuario. Sin embargo, las redes sociales son democráticas en el acceso, pero monolíticas en su diseño[3]. Y este diseño es monolítico porque tiene como objetivo principal maximizar la implicación (*engagement*) de los usuarios. El principio de maximizar la implicación no es un principio aséptico o irrelevante para los individuos y la sociedad. De hecho, la satisfacción de este principio ha influido significativamente en las prácticas sociales y en las reglas sociales comúnmente aceptadas en nuestras sociedades. Este diseño es responsable de la ludificación del discurso en internet, del aumento de la polarización política o del deseo de gratificación instantánea de los usuarios.

Cabría señalar que estos efectos son la consecuencia del uso voluntario de las redes, y no el fruto de poder digital alguno. Cabría objetar que el poder no es compatible con la libertad de los usuarios en internet. Cabría afirmar que el poder requiere, para ser tal, el respaldo de la amenaza de un castigo y, por tanto, el temor a una consecuencia. Si se asume este concepto de poder, las redes sociales no constituyen nada parecido, pues no se abre una red social bajo amenazas, ni por temor a un castigo.

---

3. NGUYEN, C. Thi., «How Twitter Gamifies Communication» en *Aplied Epistemology*, OUP, ed. Jennifer Lackey (en prensa sin paginación).

Visto así, las redes sociales no son un tipo de poder, sino como mucho una forma de influencia más o menos fuerte. Para hacer frente a esta objeción ofreceré un concepto de poder más amplio en el que no solo tienen cabida las manifestaciones del poder mediante la amenaza de un castigo. Creo que es más acertado sostener que el poder se manifiesta también cuando no existen tales amenazas. Como trataré de exponer, a pesar de que la digitalización hoy entraña un gran dispositivo de vigilancia, no es una vigilancia amenazadora que tiene por finalidad el castigo, sino que es una vigilancia que se produce secretamente mientras se seduce mediante refuerzos positivos al usuario.

Según lo anterior, a mi juicio, la comprensión del poder digital debe de procurarse a través de una comprensión adecuada de las dos realidades centrales que están en juego: el poder (puntos II-V) y, el objeto de este poder: la atención (puntos VI-IX). Ambos conceptos se han entendido de forma, a veces, muy restringida, algo que impide una captación cabal de lo que significa el poder digital basado en capitalizar la atención.

III.   PODER DIGITAL Y PODER TOTALITARIO

El primer problema de comprensión del poder digital es confundirlo con otras manifestaciones de poder que no guardan relación con el contexto actual. Así, se lo define en ocasiones como «totalitarismo digital»[4]. Se considera totalitario el poder digital por sus aspiraciones totalistas: por su interés en recabar datos de todas las personas, de ofrecer servicios para todas las acciones y tareas, así como la pretensión de influir significativamente en todos los individuos. También porque el poder digital *permitiría* desarrollar un régimen totalitario sin precedentes como indica LASSALLE en su *Ciberleviatán*[5]. Ciertamente, nunca antes se ha ostentado un poder con la posesión de un perfil individualizado de cada individuo tan exhaustivo y la posibilidad de influirle y manipularle con este grado de eficacia. Sin duda, estas herramientas serían de gran utilidad en el marco de un régimen totalitario. Pero esto no convierte el poder digital *hoy* en totalitario, por la sencilla razón de que el poder totalitario no es un poder de captar la atención.

Parece mucho más acertado contraponer el poder totalitario y el poder digital[6]. Así, el poder totalitario es ideológico y administra jerárquicamente

---

4.   Véase, por ejemplo, SADIN, E., *La silicolonización del mundo*, M. Martínez (trad.), Caja Negra, Buenos Aires 2016, pp. 131 ss.

5.   LASALLE, J. M., *Ciberleviatán*, Arpa, Barcelona 2019, *passim*.

6.   ZUBOFF, S., *La era del capitalismo de vigilancia. La lucha por un futuro humano en las nuevas fronteras del poder*, A. Santos Mosquera (trad.), Paidós, Barcelona 2020, p. 483.

el terror para afianzarse como poder. En cambio, el poder digital es a-ideológico y se afianza mediante la dependencia. El medio de este poder es lograr una dependencia mediante la emoción, el juego o el fomento de la comunicación. El poder digital emplea positivamente deseos humanos para atraer, mientras que el poder totalitario se basa en el miedo al que lo ostenta.

El contraste entre poder totalitario y digital puede ser mostrado todavía con mayor decisión. El poder digital tiene una tendencia, a un tiempo, monopolística y distributiva. La tendencia monopolística guarda relación con esa aspiración totalista antes mencionada, y la adquisición constante de aquellas empresas que podrían rivalizar con los servicios que las tecnológicas prestan. Pero el carácter distributivo del poder de captar la atención es más significativo y singular en este tipo de poder. El poder basado en la atención es un poder distributivo porque reparte el poder de captar la atención entre los usuarios. Este poder depende del reparto de poder de captar la atención. La razón es que se logra mucha más atención si son los usuarios los que son capaces de captarla, si se capta de forma descentralizada. Es decir, si el individuo interioriza el deseo de captar la atención ajena al recibir precisamente ese poder al abrirse una cuenta. Aquí es importante que el usuario se desarrolle con relativa libertad, dentro de un medio estimulante, pero pudiendo decidir qué contenidos transmite, por ejemplo. En este sentido es un poder abierto, no-excluyente, porque precisamente es la inclusión y la distribución lo que necesita para funcionar.

Por otro lado, las grandes empresas que tienen un mayor control sobre la digitalización no ejercen más que el control necesario para el lucro, pero en ocasiones ni siquiera controlan quien usa sus propios servicios. Por ejemplo, algunas redes sociales no controlan que solo se registren personas. En la práctica, muchos usuarios no son más que *software*, bots. Esto puede verse como positivo para la red social, no solo porque parece que tiene más personas usuarias de las que tiene, sino porque esos cientos o miles de bots pueden contribuir también a captar la atención. No se busca tanto controlar absolutamente el medio digital, como obtener lucro del mismo con independencia de las consecuencias sociales, entre ellas, la posibilidad de manipulación masiva.

Respecto de los usuarios, como se ha dicho, las tecnológicas no asumen un poder de infundir creencias, sino de captar la atención. Es el medio o la forma lo que las tecnológicas controlan, dejando libertad a los mensajes que se intercambian. Lo relevante es la implicación del individuo con el servicio que prestan, y resulta irrelevante lo que el individuo haga con el servicio mientras lo emplee el mayor tiempo posible y haga su particular trabajo de captar, a su vez, la atención ajena. Vemos que el poder digital se desarrolla como un poder no-ideológico, que ignora la distinción entre verdadero y falso y, por tanto, admite en su seno cualquier posición política o ideológica.

Es verdad que los algoritmos que regulan este medio dan preferencia a aquellas ideas o mensajes que aumentan la implicación del usuario. Pero no importan las ideas mismas sino su efecto en los demás usuarios. Así, los algoritmos potencian palabras como «ataque, malo o culpa». Estos términos permiten fomentar el enfado y la ira, una pasión que inhibe o dificulta nuestra capacidad de prestar atención voluntariamente[7]. El efecto que producen es el de captar la atención pasiva colectiva, de implicar a otros y de mantenerlos ante la pantalla.

La distinción con el totalitarismo se vuelve todavía más acusada si atendemos a que el totalitarismo no persigue fines claramente identificables y racionales. El núcleo del fenómeno totalitario, los campos de concentración, constituye una dificultad para la comprensión, precisamente, porque estos no tienen un carácter instrumental, porque el mal que allí se infringe no se puede presentar racionalmente. El poder totalitario es incomprensible desde el punto de vista de las relaciones entre medios y fines. Los internos en los campos son superfluos, se procura que experimenten su propia inutilidad e irrelevancia. Se procura enterrar hasta la memoria de su existencia. Por el contrario, el poder digital parece suponer la antítesis del poder totalitario.

Las redes sociales son el núcleo del poder digital, y estas responden a un modelo económico basado en captar la atención. Es decir, a una relación perfectamente identificable entre medios y fines desde un punto de vista económico. El logro de estos fines pasa por conseguir que el individuo interiorice, en la medida de lo posible, los objetivos de los que ostentan el poder. Es decir, que los individuos quieran ser ellos captadores o comerciantes de atención. De este modo el usuario que quiere captar la atención quiere libremente lo mismo que quieren los dueños de la plataforma. Así, el individuo se muestra públicamente y dirige sus esfuerzos a mejorar cómo se muestra ante los otros, muchas veces tomándose en cuenta a sí mismo de modo narcisista. De todo esto las tecnológicas no olvidan nada, gracias a una posibilidad de almacenamiento progresivamente superior y más barata. Esto último ha llevado, por ejemplo, al reconocimiento del derecho al olvido.

Si el totalitarismo culmina con la eliminación física, lo que el poder digital crea es un espacio de comunicación descorporizada que fomenta el narcisismo, situando al individuo en el centro. A diferencia del totalitarismo,

---

7.   HARI, J., *El valor de la atención*, J. Estrella (trad.), Península, Barcelona 2023, p. 186.

que pretende destruir al individuo, el poder digital engendra una ilusión de grandeza. Esto no guarda relación con el poder totalitario, sino con realidades que se asocian con la libertad. Veamos esto con más detalle para ofrecer una visión más amplia del concepto de poder que sea capaz de dar cuenta del poder digital de las redes sociales. Por ahora parece que «totalitarismo digital» es un término que podemos evitar con independencia de las aspiraciones totalistas del mismo. Pero ¿qué noción de poder permite incluir un poder que no está basado en el temor al castigo o al terror?

IV. DEFINICIÓN DE PODER: ESTRUCTURA Y MANIFESTACIONES DEL PODER

Uno de los autores que más ha estudiado el poder digital es Byung-Chul HAN. Cabe reprochar a HAN que no ofrece bastante justificación de sus argumentos en sus obras más divulgativas. Este defecto se suple, en parte, con la justificación de sus argumentos en una de sus obras más académicas: *Sobre el poder* (2005). Esta obra es germen de sus ensayos posteriores sobre el poder digital y revela las raíces de su noción de poder. En ella trata de probar que el poder y la libertad no se contraponen: el poder necesita de la libertad ajena para adquirir solidez. Cuanta mayor relación hay entre ambas realidades, más sólido es el poder, más absoluto:

> «Un poder libre no es ningún oxímoron. El poder libre significa que el otro obedece libremente al yo. Quien quisiera obtener un poder absoluto no tendría que hacer *uso* de la violencia, sino de la libertad del otro»[8].

Se contrapone aquí la violencia a la libertad, pues el objetivo principal de HAN es poner de manifiesto que un poder que se ejerce sin violencia es mayor que el que la necesita. Él define el poder como una continuidad del yo en el otro. Más particularmente, la continuidad de la propia voluntad en el otro. El hecho de que la voluntad propia se vea *transmitida* al otro constituye la *estructura* del poder, que es una estructura de comunicación. Es una comunicación entre sujetos libres, aunque el margen de libertad es distinto según el caso. Esta estructura comunicativa del poder tiene distintas manifestaciones. El yo puede extender su voluntad en el otro, *comunicarse*, mediante la coerción o la amenaza de sanción o, en cambio, ofrecerle un espacio de libertad. Cuando el poder utiliza la coerción significa que hay una escasa comunicación *interior* del poder, hay una menor comunicación. Se tiene un poder menor que si se obedece libremente.

Es importante subrayar que, para HAN, la libertad del otro no tiene porque ser un hecho, basta que sea *una sensación*. En ambos casos es un

---

8.   HAN, B.-Ch., *Sobre el poder*, A. Ciria (trad.), Herder, Barcelona 2005, p. 17.

elemento que estabiliza el poder, que lo dota de duración. En particular, le otorga duración el «hábito» como amoldamiento estable y duradero del poder:

> «El hábito designa la totalidad de disposiciones o costumbres de un grupo social. Surge por asimilación de los valores o las formas de percepción que están planteados en función de un determinado orden de dominio. Posibilita un amoldamiento en cierta manera prerreflexivo (y también eficiente somáticamente) al orden dominante existente»[9].

Este amoldamiento permite afianzar el poder de un modo que es difícil de detectar, difícil de reconocer y de señalar. Esta es una de las claves de un poder estable y absoluto: estar «inscrito en la cotidianidad». El poder absoluto es el que está, en apariencia ausente, el que es invisible porque se ha integrado por completo en la vida:

> «El poder alcanza una estabilidad elevada cuando se presenta como uno impersonal, cuando se inscribe en la "cotidianidad". No es la coerción, sino el automatismo de la costumbre lo que eleva su eficiencia. Un poder absoluto sería uno que nunca se manifestara, que nunca se señalara a sí mismo, sino que, más bien, se fundiera del todo en la obviedad. *El poder brilla por su ausencia*»[10].

El poder así entendido se presenta como impersonal, pero no quiere decir que lo sea. Es más, no puede serlo porque el poder es un fenómeno de un sujeto, como se ha dicho. Un sujeto que se ve continuado a sí mismo en otro. Sin embargo, es impersonal porque el poder se integra en los hábitos de los individuos, se confunde con el «automatismo de la costumbre».

El poder se puede manifestar cuando se produce el reconocimiento de la voluntad ajena como idéntica a la propia (por e.g., reconociendo el orden jurídico aprobado por el legislador). Aquí el sujeto lleva a cabo un acto consciente, de reconocimiento y aprobación. Pero el poder es mayor cuando se da una interiorización de la voluntad ajena, de modo que el otro actúa con libertad al haber hecho propia la voluntad del yo. Aquí es ya muy difícil distinguir un acto libre de un acto de sometimiento al poder. Esta última sería la forma más absoluta de poder, según HAN, la que se ha interiorizado, lo que supone hacer propia la voluntad ajena. De este modo el poder se sigue por la fuerza del hábito y las costumbres sociales que lo afianzan por repetición. Esta es la continuidad del yo que caracteriza al poder según HAN. Esta interiorización, este hacer propia la voluntad ajena, puede operar a un nivel preconsciente o prerreflexivo.

---

9.   HAN, B.-Ch., *Sobre el poder*, cit., p. 68.
10.   HAN, B.-Ch., *Sobre el poder*, cit., p. 78.

Dicho esto, sobre la forma de manifestación del poder, hay un elemento relevante para la definición del poder que es si este puede dividirse estratégicamente y aun así mantenerse como manifestación de poder unitario a través de esa división. Recordemos que hemos señalado que el poder digital «se divide», reparte el poder de captar la atención entre sus usuarios. La respuesta de HAN es que, de modo natural, el poder que se extiende gracias a la libertad ajena es el más apto para la descentralización y la existencia de múltiples centros de poder[11].

Demos un paso más para valorar las implicaciones de esta noción de poder en el ámbito digital. En su obra *Psicopolítica. Neoliberalismo y nuevas técnicas de poder* (2014) HAN sostiene que ha surgido una nueva técnica de poder que no es «prohibitoria, protectora o represiva» sino «prospectiva, permisiva y proyectiva». Este «poder inteligente», más seductor que represor, más oculto que visible, no quiere hacer sumisos sino dependientes[12]. Domina, por tanto, generando dependencia o, en otras palabras, captando la atención.

Este poder opera a nivel «prereflexivo, seminsconciente, corporalmente instintivo»[13]. Y, ¿qué medios se emplean para producir una sensación de libertad en el sujeto, en particular, el sujeto digital? «Se explota todo aquello que pertenece a prácticas y formas de libertad, como la emoción, el juego y la comunicación»[14]. En este sentido, empleando estas formas de libertad, los usuarios de la red digital ayudan activamente a construir el panóptico en el que viven. Las reflexiones de HAN nos permiten subrayar que el poder digital se inscribe en la cotidianidad y su carácter reside en que se funde con esta y con los automatismos de la costumbre. El poder digital genera, por tanto, prácticas sociales, no es una simple influencia que distrae puntualmente, sino que se instala en los hábitos sociales para transformarlos y hacerlos propios.

V. EL PODER DIGITAL BASADO EN CAPTAR LA ATENCIÓN

A partir de lo anterior ya podemos presentar la estructura, manifestación, objeto y los medios del poder digital. El poder digital de las redes sociales tiene como estructura la extensión o continuación de la voluntad de los dueños de las mismas en sus usuarios. Se manifiesta como un poder

---

11. Es el caso de la diversificación de las empresas multinacionales que, en realidad, no diluye su poder, sino que lo afianza y fortalece.

12. HAN, B.-Ch., *Psicopolítica. Neoliberalismo y nuevas técnicas de poder*, A. Bergés (trad.), Herder, Barcelona 2014, pp. 17-19.

13. HAN, B.-Ch., *Psicopolítica...* cit., p. 75.

14. HAN, B.-Ch., *Psicopolítica...* cit., p. 14.

que emplea la libertad aparente o real para lograr captar la atención de los individuos. La atención constituye el objeto de este poder. Sus medios son los medios de modificación conductual que permite la tecnología digital en la actualidad a través de la emoción, el juego o la comunicación, gracias a la materia prima de los datos y los algoritmos que procesan información de forma automática.

Respecto a su forma de manifestación, el poder digital basado en captar la atención utiliza medios de atracción del individuo. Se trata de captar, atraer, y no de producir rechazo. Por eso, se identifica esta forma de poder, aparentemente, con la libertad. La atención a la pantalla se produce de forma en apariencia voluntaria gracias a la satisfacción de deseos como el deseo de comodidad, de reconocimiento ajeno, la indignación ante un mal, entre otros.

Este objeto del poder digital: captar la atención y mantenerla —lo que llamamos implicación o *engagement*— tiene por causa un modelo económico básicamente publicitario. Este modelo no es consustancial a la economía de los datos, ni al entorno digital. Surge con la crisis de las tecnológicas a principios de este siglo, momento en que el crecimiento de estas empresas pasó a estar basado en la publicidad. Esto pone de manifiesto que es *posible* superarlo, aunque habría que probar si es un *deber* de justicia hacerlo.

Las tecnológicas descubrieron que ganaban más dinero con la publicidad que vendiendo su propia tecnología a terceros. Por su grado creciente de personalización y adaptación al usuario, la eficacia y rentabilidad de esta publicidad carecía de precedentes. A esto ayudaba el contexto específico del entorno digital en aquel momento y hasta el presente, que es un entorno digital regulado por algoritmos. Es decir, un sistema basado en la retroalimentación entre la acción del usuario y los contenidos mostrados al usuario. Esta retroalimentación resultó el instrumento perfecto para una publicidad basada en la interacción del usuario, personalizada y adaptada a cada momento de interacción del usuario con la plataforma. La retroalimentación característica del algoritmo resultaba idónea para esta forma de publicidad que se adapta a las circunstancias específicas del individuo en cada momento.

Como se ha visto, la continuidad de la voluntad del que tiene poder no tiene un contenido ideológico. En otras palabras, el efecto de captar la atención es lo determinante: no se trata de captarla para transmitir un mensaje. Se utiliza, por tanto, cualquier contenido, idea, información o forma de comunicación para lograr ese efecto de captar la atención.

Conviene tener presente la distinción entre el carácter intencional de las consecuencias de este poder, que es lograr un aumento del tiempo ante la pantalla, y sus consecuencias no directamente buscadas. Es decir, aquellas consecuencias para el individuo y para la sociedad no buscadas, pero sí admitidas como posibles y aceptables en la medida en que el lucro económico lo requiere. En este ámbito se encuentra la polarización política producida o agravada por este poder. Pero cabe preguntarse en qué consiste el objeto del poder digital, ¿en qué consiste la atención?

VI. ACERCA DE LA ATENCIÓN

Paul RICOEUR ofrece una aproximación al fenómeno de la atención desde una perspectiva hermenéutica. Señala que la atención es un fenómeno doble: de selección y de claridad. La atención como foco supone decir algo así como «*Este* objeto y no *este* otro». El objeto elegido permite desplegar nuestro *campo de atención* hacia él y, el resto de cosas quedan en el *campo de inatención*. Esta selección de un objeto conduce a un aumento de su claridad. Lo «percibo *mejor*»[15]. Hay, por tanto, un foco, campo de atención o figura, y una zona marginal, campo de inatención o fondo. Cuando se presta tanta atención como se puede, esto permite *percibir mejor* los objetos, y pensar más adecuadamente.

Como se ve, el foco de la atención no afecta solo a lo que hacemos, sino también a lo que somos y conocemos. Es bien sabido que una atención de calidad es condición para la excelencia en muchos ámbitos, para lo que hacemos. Sin embargo, el poder digital también afecta a lo que somos. Si hemos dicho que el poder digital se inscribe en la cotidianidad y transforma los hábitos, en otras palabras, nos lleva a ser lo que somos, quizá alejándonos del tipo de persona que proyectábamos llegar a ser.

Por último, afecta a nuestro conocimiento, a nuestra capacidad de desarrollar el ocio en sentido más elevado. «La verdad solo aparece a los espíritus atentos» escribe RICOEUR. El individuo se abre a que la verdad le aparezca, a lo que el objeto le pueda mostrar. De modo que atender supone

---

15. RICOEUR, P., *Antropología filosófica*, T. Domingo Moratalla (trad.), BAC, Madrid 2020, p. 73. Las cosas aparecen mucho mejor cómo *son* si prestamos atención. La atención aumenta la percepción de la *objetividad* del mundo, en el sentido de que conocemos mejor las cosas frente a la disolución subjetivista pobre en percepción. Para Heidegger la filosofía es un «prestar atención a la llamada del Ser del ente». Este prestar atención requiere que la existencia se encuentre en un determinado estado, en una «tonalidad afectiva». Este estado imprime en todas las cosas una cierta tonalidad. El *pathos* o asombro es un temple del ánimo que tiene ese carácter omni-abarcador en relación con todas las cosas. Heidegger lo llamada «temple del ánimo» precisamente para evitar que se «represente psicológicamente» el *pathos*. La pasión del asombro no es un estímulo psicológico y efímero, sino un temple del ánimo duradero y estable. HEIDEGGER, M. ¿*Qué es filosofía*? J. L. Molinuevo (trad), Narcea, Madrid 1978, p. 62.

una apertura a las cosas que no guarda relación con el hacer o el producir, ni se orienta a la satisfacción de deseos. Ni las manos ni la boca son protagonistas, sino la mirada. Y es una mirada interrogativa. El atento se caracteriza por una «ingenuidad interrogativa» que poco tiene que ver con el interés pragmático.

Este conocer mediante la atención es lo que permite que gocemos de la posibilidad de orientarnos verdaderamente hacia donde queremos, no de forma precipitada, llevados por las circunstancias o saturados de información, sino con un conocimiento madurado por el tiempo. Estos tres elementos de la atención, con su relevancia para el hacer, el ser y el tener permiten tomar plena conciencia de la relevancia de este bien. En otras palabras, hay tres tipos de distracciones: las que afectan a lo que hacemos, a lo que somos y a lo que sabemos[16].

VII. UNA NOCIÓN AMPLIA DE ATENCIÓN

A pesar de la importancia de la atención y su indudable valor, no puede entenderse exclusivamente como la forma más elevada de concentración y, por ello, la forma más elevada de percibir, conocer o pensar. La atención también es un foco exigido por las necesidades vitales más inmediatas del ser humano. En otras palabras, la atención tiene otra dimensión que guarda relación con las reacciones instintivas, las emociones y los mecanismos prerreflexivos que llevan al sistema nervioso del individuo a poner el foco en algo. ¿Acaso no atendemos a cosas como reacción a un estímulo sin intervención nuestra? Una reacción ante un impulso externo puede llevar a centrar el foco momentáneamente, tanto como lo hacemos con la atención voluntaria. Sin embargo, a diferencia de esta, lo que llamamos atención en respuesta a estímulos es prerreflexiva, reactiva y dinámica y la selección del campo de atención es involuntaria.

1. LA ATENCIÓN PÁTICA Y LA ATENCIÓN VOLUNTARIA

A esta atención se la ha llamado «atención pática» (LERSCH) o «atención pasiva» (RICOEUR)[17]. La atención pática es aquella en la que la dinámica de los instintos actúa de modo inmediato, sin intervención de la conciencia reflexiva. Es una respuesta a un estímulo. Es, además, una atención dinámica y fluctuante al estar sometida a los cambios de las impresiones exter-

---

16. WILLIAM, J., *Clicks contra la Humanidad. Libertad y resistencia en la era de la distracción tecnológica*, A. Gibert (trad.), Gatopardo, Barcelona 2021, pp. 69 y ss.
17. Ricoeur la emplea en un sentido amplio, que incluye la fascinación ante algo en la que el objeto impide toda voluntariedad de la atención.

nas. Por ello, es habitual que el dominio de la atención pasiva conduzca a la alternancia de tareas.

Por su parte, la atención voluntaria pertenece al nivel de la conciencia reflexiva y no se limita a una preparación y una actitud de los órganos de los sentidos, sino que se extiende a procesos como el pensamiento. No está dirigida por el estímulo sino por la voluntad consciente. Es una atención fijadora del contenido de la voluntad, determinada por el fin propuesto en la ejecución o en la acción[18]. Es una atención intencional, en cuanto deliberada.

Si se ignora esta distinción no se comprende cuál es el objeto de poder digital. A este poder le interesan las dos. El objeto del poder digital es la atención, pero fundamentalmente la atención pática o pasiva, la atención que supone una respuesta a los estímulos del entorno. Este ambiente es el entorno digital. Las redes sociales, por tanto, buscan, sobre todo, captar constantemente la atención pática de la que venimos hablando.

Por ello, es necesario que la pantalla cambie, que estimule de manera constante. Esto es necesario por la propia velocidad a la que funciona la atención pasiva. Esta funciona muy rápido, de modo que la pantalla tiene que funcionar igualmente rápido para que no se desarrolle o, lo menos posible, una atención plenamente voluntaria. Si la atención pasiva está ligada a las emociones, la atención voluntaria está ligada a una decisión racional. En el entorno digital es importante mantener al individuo en el nivel de la atención pasiva, para que más que decidir adónde conduce el foco de su atención, sea conducido emocionalmente.

2. LA ATENCIÓN VOLUNTARIA SOSTENIDA Y NO SOSTENIDA

La atención voluntaria puede dirigirse a objetos no estimulantes, lo que permite desarrollar la atención sostenida. Un librero, por ejemplo, que tiene como fin de su actividad vender más libros, podría procurar desarrollar en sus clientes una atención voluntaria sostenida o no estimulante. Esa atención voluntaria y sostenida que es necesaria para la lectura paciente de textos extensos. Esa atención voluntaria requiere un entorno no estimulante. Un poder basado en la atención voluntaria sostenida sería un poder que busca que el otro mantenga el foco de manera sostenida en una tarea determinada voluntariamente sin estímulos constantes. Y, sin duda, un poder basado en la atención práctica o en una atención voluntaria estimulante dista por completo de un poder basado en la atención voluntaria sostenida no estimulante.

---

18. LERSCH, Philipp, *La estructura de la personalidad*, A. Serrate Torrente (trad.), Scientia, Barcelona 1974, p. 550.

En el entorno digital también tiene lugar la atención voluntaria, pero esta es estimulante y no sostenida. De modo que el usuario no siempre actúa en respuesta a un estímulo, esto sería reduccionista. Recordemos que el poder digital se confunde e integra en los hábitos cotidianos. En ocasiones lo que ocurre es que se interiorizan los fines del poder digital y se actúa conforme el dictado de este poder sin saberlo. Se puede actuar libremente y que el poder digital esté operando en uno. Por ejemplo, un periodista puede abrir una cuenta de Twitter para transmitir noticias. Pero el uso de la plataforma, y sus peculiares reglas de la comunicación pueden llevarle a acabar interiorizando el deseo de captar la atención y dar preferencia a este objetivo sobre la transmisión de noticias objetivas. El diseño de la red social puede modificar los fines buscados, inicialmente, por el usuario.

De modo que el fin principal de su actividad así queda modificado y ya no es transmitir noticias con una cierta independencia de su repercusión, sino transmitir noticias que capten la atención del mayor número de personas posibles. De modo que este individuo no busque tanto informar, como ser atendido, ser escuchado, ganar seguidores, me gustas, retwiteos. Esto modificará la forma de usar la red social y los mensajes creados por el usuario. Esta interiorización de unos fines, inicialmente ajenos al usuario, pero que permean la plataforma y que el individuo puede llegar a hacer suyos, constituyen una forma fuerte de poder. Es un seguimiento voluntario del poder mediante la atención voluntaria. Y esta extensión del poder a través de la libertad ajena, es mucho mayor que el poder simplemente basado en estímulos. Hay que decir que, en la práctica, lo normal es que ambos operen de manera más o menos simultánea.

Las consecuencias de la atención voluntaria sostenida o de una atención voluntaria estimulante son muy distintas. Una forma potencia que sean los estímulos los que mantengan el objeto de atención y, por tanto, que el entorno digital condicione severamente. La otra potencia que el individuo decida a qué presta atención a cada momento, dominando su entorno. Al estar sometido a una atención y no a la otra, el orden digital deteriora la capacidad de ensimismarse, para pensar y desarrollar ideas complejas o la capacidad para una lectura sostenida. ORTEGA considera que el sometimiento al entorno o la posibilidad de aislarse de él, distinguen al hombre del animal. El animal es el ser que está constantemente alerta, sometido a los estímulos de su entorno. El hombre, en cambio, es capaz de aislarse del entorno para ensimismarse[19], algo que implica dirigir la atención volunta-

---

19. ORTEGA Y GASSET, J., Ensimismamiento y alteración. Meditación de la técnica y otros ensayos, Alianza, Madrid 2014. p. 28.

ria. Puede decirse que, en este punto, el hombre digital tan singularmente sometido a su entorno es un hombre animalizado o un *animal digitalis*[20].

Esta segunda forma de poder guarda relación con los avances en la psicología conductual. Y aquí es de vital importancia la idea de refuerzo. Según los estudios de E. B. SKINNER, se pueden promover conductas en animales y personas a base de calendarios de refuerzos. Se pueden crear prácticas sociales entre seres humanos siempre que se les den los refuerzos adecuados. Los me gustas, reenvíos y el número de seguidores funcionan como refuerzos de la conducta que se pretende que se lleve a cabo. Skinner dice que el individuo queda «modificado» y desde entonces su conducta se orienta en una dirección y no en otra.

VIII. EL DISEÑO DE LA ATENCIÓN

Los creadores de las redes sociales (por ejemplo, de Instagram) no solo están formados en programación, sino en psicología conductual. Principalmente en el Laboratorio para el diseño de la conducta (*Behavior Design Lab*) de la Universidad de Standford. La doctrina de B. F. SKINNER, seguida en este laboratorio, es esencial para comprender el origen de las redes sociales y el entorno digital[21] y las formas en que afecta a la atención. Una adecuada visión del autor nos la da su obra principalmente titulada *Más allá de la libertad y la dignidad* (1971).

Para SKINNER la atención está determinada por el entorno, de modo que puede ser diseñada. En otras palabras, lo que llamamos voluntad de prestar atención no es más que una apariencia, pues viene marcada por aquellas cosas que han influido o «modificado» al individuo en el pasado en forma de premios o refuerzos positivos. El hombre es una máquina, un sistema que se comporta de un modo que se puede expresar en leyes. Es como un animal especialmente complejo que solo tiene «atención pática».

Como científico naturalista considera que la conducta humana puede ser explicada mediante causas. De modo que hablar de libertad para prestar atención no es más que una manifestación de nuestro desconocimiento de las causas de dicha conducta. La noción de libertad, según SKINNER, es pre-científica, pretende dar cuenta de lo que no podemos explicar. La liber-

---

20.   Una síntesis de ello en: BALLESTEROS, A., «¿La tecnología digital nos hace mejores? De momento, parece que no», *The Conversation-España*, 21 de febrero de 2021.
21.   ZUBOFF, S., *La era del capitalismo de vigilancia*, cit., p. HARI, J., *El valor de la atención*, cit., pp. 152-154.

tad, señala, debe re-examinarse cuando un análisis científico revela «relaciones de control insospechadas entre la conducta y el ambiente»[22].

La idea fundamental —y, más importante, la práctica— que introduce SKINNER para sostener su determinismo de la atención es el «condicionamiento operante». Por ejemplo, un «organismo hambriento» repetirá el mismo gesto que hizo antes de que se le proporcionara el alimento cuando esté hambriento en otra ocasión. En otros términos, cuando a un «elemento concreto de conducta» le sigue una determinada consecuencia deseable, es más probable que ocurra de nuevo dicho elemento. Y a la consecuencia que tiene el efecto de renovar esa conducta, dar alimento, se le denomina «refuerzo». Así, cualquier cosa que haga el organismo hambriento (conducta) que sea seguida por el alimento (consecuencia), reforzará que el organismo realice la acción de nuevo cuando sienta hambre para liberarse de ella.

En esto es muy relevante su «adecuada dosificación», que es «más importante que la cantidad». Esta forma de condicionamiento de la conducta es la más adecuada al dominio más perfecto que es, el que parece libre. El gesto lo realiza el individuo, en apariencia con libertad. Aquí de nuevo hay que recordar las reflexiones que hemos elaborado sobre un poder que se identifica con la voluntad, o en apariencia lo hace. En este sentido, SKINNER recuerda el consejo de ROUSSEAU a los maestros: «No hay más perfecta forma de dominio que aquella que parece respetar la libertad, pues con este procedimiento uno se apodera de la voluntad misma»[23].

El avance científico hará cada vez más difícil descartar el determinismo, dice SKINNER. Pero, de forma poco coherente con su visión determinista del ser humano no excluye todos los ámbitos de libertad al ser humano. El ser humano, dice SKINNER, configura libremente su entorno. Hoy diría, también las redes sociales. El reconocimiento de la ausencia de libertad permite poner la atención exclusivamente en el diseño de nuestro entorno lo que supone un «gigantesco ejercicio de autocontrol».

IX. LOS REFUERZOS LÚDICOS PARA AFIANZAR LA ATENCIÓN

¿Cómo se refleja la doctrina de SKINNER en el diseño de las redes sociales? Sobre todo, en los refuerzos positivos que estas emplean para lograr afianzar los hábitos de sus usuarios. Los refuerzos que son, principalmente, el me gusta, el reenvío o los seguidores. Estos elementos actúan

22.   SKINNER, B. F., *Más allá de la libertad y la dignidad*, J. J. Coy (trad.), Martínez Roca, Barcelona 1986, p. 25.
23.   SKINNER, B. F., *Más allá de la libertad y la dignidad*, cit., p. 44.

como refuerzo de la conducta incentivándola y empujando al individuo a repetirla gracias a los refuerzos de los otros usuarios que permiten gratificaciones inmediatas y medidas precisas del propio éxito. Este mismo diseño favorece que los otros se impliquen, pero también que la implicación quede entrelazada, que se produzca en red, de modo que unos capten la atención de los otros. Esta red es una red de refuerzos lúdicos, que ludifican la comunicación cotidiana. Esto constituye un gran cambio, pues hay una diferencia sustancial entre lo que siempre ha sido un juego y lo que es la vida cotidiana.

Los objetivos del juego son claros, sencillos y fáciles de lograr, lo que contrasta con la complejidad de la vida cotidiana en la que los objetivos son complejos y el éxito menos frecuente. En las redes sociales los refuerzos que captan la atención tienen una apariencia lúdica. Se ofrecen al usuario unos objetivos sencillos semejantes a los de un juego. Estas medidas de éxito tienen carácter binario: me gusta/no me gusta; reenvío/no reenvío. Se opera una simplificación y reducción de lo que es importante, que siempre es complejo en las acciones humanas, y se reemplaza por criterios pre-establecidos, cuantificables, operacionales, así como gratificantes para el individuo[24].

Si el usuario interioriza esas medidas de éxito —me gustas, reenvíos y seguidores—, simplifica los objetivos de su comunicación. Cambia los fines de su discurso, que pueden ser múltiples, por los ofrecidos por la plataforma. Estos objetivos resultan adictivos en consonancia con los experimentos de SKINNER. Sin embargo, aunque la motivación aumenta en la plataforma, se produce un intercambio de los propios valores por el placer[25]. Este placer está conectado, en buena medida, con la necesidad de reconocimiento que todos los seres humanos tenemos y que ofrecen los refuerzos lúdicos (me gusta, reenvío o seguidores).

X. SEIS CONSECUENCIAS DEL PODER DIGITAL PARA LA ATENCIÓN

Las consecuencias de este poder digital basado en captar la atención pueden sintetizarse en las siguientes[26].

1. La habituación a las recompensas fáciles. Acostumbran a los usuarios de las redes sociales a un ritmo de recompensas frecuentes que lleva a alejarlos de la complejidad y la frustración del mundo físico caracterizado por

---

24. NGUYEN, C. Thi., «How Twitter Gamifies Communication», cit. (en prensa sin paginación).

25. *Ibídem.*

26. Sigo aquí estrechamente a HARI, J., *El valor de la atención*, cit., pp. 184-197.

unas recompensas menos frecuentes y predecibles. Esto hace que se desarrollen relaciones descorporizadas en un entorno diseñado con un propósito económico que desprecia las consecuencias sociales. De este modo el diálogo, la escucha y la confrontación de ideas, antes desarrolladas en un espacio público, tienen lugar ahora en una suerte de espacio digital abierto a todos, pero monolítico en su diseño y en sus fines económicos. Las condiciones para el desarrollo de las democracias quedan modificadas por la ludificación, las gratificaciones instantáneas y el narcisismo, todo ello opuesto a la aceptación paciente de la realidad y la apertura al otro que la política democrática requiere.

2. El exceso en la alternancia de tareas. El poder digital lleva a que se produzca una alternancia cada vez mayor de las tareas que se realizan, más que en condiciones normales. El término «multitarea», procedente del ámbito computacional no parece aplicable al ser humano. Se empleó por primera vez cuando se fabricaron ordenadores con dos procesadores, capaces de llevar a cabo más de una tarea a la vez. Sin embargo, la multitarea no es posible entre los seres humanos. Lo que se realizan no son varias tareas a la vez, sino que estas se alternan a un ritmo acelerado, disminuyendo la calidad de la atención prestada a cada una de ellas. Cada interrupción supone una disminución del foco de la atención dificultando seriamente aquellas tareas que requieren la paciencia de una atención sostenida, el ocio en sentido elevado y, con él, el pensamiento y conocimientos profundos o la escucha atenta.

3. La transformación de los fines individuales y colectivos deliberadamente buscados. El perfilado o los avatares secretos que elaboran los dueños de las redes sociales a través de su *software* permiten conocer a los usuarios con una profundidad que escapa a su comprensión. El conocimiento de los puntos débiles de los individuos, de sus estados anímicos o de los que les motiva o emociona permiten formas de manipulación de la atención y la conducta, en muchas ocasiones, imposibles de detectar. Esto produce que la atención que es, en apariencia, voluntaria, esté progresivamente más dirigida y que las formas de distracción sean más eficaces. Esto modifica los fines perseguidos por los individuos a largo plazo y que estos y las sociedades se dirijan conscientemente hacia las metas que deliberadamente han decidido. Los individuos y las sociedades acaban siendo no lo que quieren ser, sino aquello que la fuerza de los hábitos de la economía de la atención les lleva a ser.

4. El dominio de la ira y la oclocracia. Los algoritmos diseñados por los ingenieros de las redes sociales fomentan, muchas veces, el enfado. Las palabras que promueven los algoritmos son bastante significativas en este

sentido: «ataque, malo, culpa». El fomento del enfado permite captar la atención pática o involuntaria, deteriorando la atención voluntaria. La ira es una pasión que interfiere de manera significativa en nuestra capacidad de prestar atención voluntariamente. Se disminuye la escucha de los argumentos contrarios produciendo una forma de pensar más superficial y menos atenta. Este dominio de la ira tiene como consecuencia las tormentas masivas de indignación en internet que dan lugar a una forma de oclocracia, de perversión de la democracia en la que la masa descalifica mediante el insulto masivo y el castigo colectivo digital.

5. El permanente estado de alerta. Estos sitios hacen que nos sintamos en un estado de ira y hostilidad, por lo que nos ponemos en situación de alerta. Esto distribuye en exceso el campo de atención, en busca de peligros, disminuyendo también la intensidad del foco. Si la clave de la atención es que hay una selección del campo de atención y se lleva al fondo el campo de inatención, el estado de alerta lleva a diluir esta distinción. Al crearse la conciencia de peligro y hostilidad la atención se dispersa y se acelera, por lo que tienen lugar con mucha dificultad formas de concentración sostenidas o lentas. Esta consciencia de peligro constante permite asentar las condiciones para la radicalización de la opinión pública y dificulta el sosiego necesario para el acuerdo maduro o la contraposición argumentada de ideas.

6. Los reclamos atencionales que actúan como disolvente social. Por ejemplo, cuando se veía un vídeo en Youtube sobre el Holocausto basado en hechos, el algoritmo te sugería otros vídeos que, si uno seguía enlazando, llevaban por último a un vídeo que negaba que el Holocausto hubiera ocurrido. La tendencia a presentar contenidos que polarizan la sociedad actúa como disolvente social. Esto dificulta la atención colectiva, nuestra atención como sociedad. Es decir, la toma de conciencia colectiva y la posibilidad de acción común que muchas veces es necesaria para enfrentarse a retos sociales comunes. De este modo se erosionan las verdades anteriormente compartidas y la confianza entre los individuos.

Lo anterior pone de manifiesto que la atención es un bien, al mismo tiempo, individual y colectivo. Además, la atención no es simplemente un foco momentáneo que puede verse reducido por distracciones, sino que sus efectos se dejan notar en el largo plazo, afectando al proyecto común de vida colectiva. En definitiva, el deterioro de la atención conduce a querer, como individuos y como sociedades, lo que otros quieren que queramos. Se pierde la posibilidad de querer lo que queremos deliberadamente querer, pues acabamos queriendo lo que al poder digital le conviene que queramos desear.

Hasta ahora hemos tratado de presentar las amenazas que supone para la atención individual y colectiva el poder digital y que la atención es un bien. Pero, aunque lo sea, ¿debe protegerlo el derecho? Y, en su caso, ¿cómo debe de hacerlo? ¿Es el derecho a la atención una respuesta adecuada a las amenazas del poder digital y la economía de la atención? Estas preguntas, esenciales para una filosofía del derecho digital, quedan ya para otro trabajo.

Capítulo 2

Apuntes para la construcción de una teoría jurídica de la información

Carlos Amunátegui Perelló
Profesor titular de la Facultad de Derecho
Pontificia Universidad Católica de Chile

SUMARIO: I. INTRODUCCIÓN. II. LA CIBERNÉTICA. III. ENTROPÍA E INFORMACIÓN. IV. LA INFORMACIÓN ES UNA CHICA MATERIAL. V. ANALÓGICO Y DIGITAL. VI. INFORMACIÓN DE CODIFICACIÓN. VII. ¿INFORMACIÓN Y VERDAD?

I. INTRODUCCIÓN

La información es el elemento central que domina el panorama tecnológico actual. En efecto, en el corazón de los diversos constructos tecnológicos que amenazan con llevarnos directamente a una suerte de revolución técnica y productiva de consecuencias equivalentes al descubrimiento de la agricultura, se encuentra el control de sistemas mediante flujos de información. Los agentes o inteligencias artificiales no son otra cosa que mecanismos diseñados para controlar mecánicamente tales flujos, pudiendo, eventualmente, desarrollar conductas similares o equivalentes a aquellas realizadas por entidades biológicas. La genética se preocupa del control y transmisión de información en organismos biológicos, mientras que el estudio de tales flujos en las redes del sistema nervioso central compone buena parte de la neurología. En definitiva, el concepto parece ubicado en el corazón de todas las tecnologías de vanguardia en nuestro panorama social.

No obstante, esta ubicuidad, la información es un elemento escasamente tratado en el Derecho. Se ha regulado el tratamiento de datos, un cierto derecho a la información, y poco más podemos detectar entre los núcleos normativos que componen el llamado Derecho de las Nuevas Tecnologías. Llama la atención que no exista un tratamiento ni teórico ni práctico específico sobre el tema, más aún cuando parece que nuestra realidad social se compone casi completamente de ella. En efecto, la posibilidad de una emisión masiva de desinformación es uno de los factores que más fuertemente amenaza la estabilidad de nuestros sistemas políticos.

Lo que este pequeño ensayo intentará es dar un marco conceptual respecto a la información en cuanto tal, ofreciendo un panorama que permita, más adelante, construir las bases normativas para la misma.

II. LA CIBERNÉTICA

La palabra información proviene del latín. Es una contracción de las palabras *in* y *formare*, que apuntaría al acto de dar forma a algo[1], a veces para fundir o modelar[2], o incluso transformar[3]. También se usa a veces para referirse al acto de comunicar algo que amerita una mayor reflexión[4]. En este sentido, la forma de algo parece contener un mensaje sobre la cosa. Informar parece estar relacionado con la idea de comunicar la forma de algo, ya sea para forjado o para ser pensado.

La información no estuvo en el centro del debate científico hasta mediados del siglo XX. Durante este período, la cibernética surgió como el primer intento de construir una ciencia centrada específicamente en la información. De hecho, podríamos decir que las tecnologías más revolucionarias del siglo XXI provienen, de una forma u otra, de un grupo muy definido de ideas creadas por este conjunto de personas que teorizaron sobre cómo la información afecta a los sistemas. Entre ellas encontramos la genética, que describe cómo un conjunto de instrucciones llevadas en la molécula de ADN controla el crecimiento y desarrollo de todos los seres vivos; la neurociencia trata de entender cómo el sistema nervioso central procesa y representa la información; la informática, que trata de construir y desarrollar sistemas artificiales que procesan y representan información, mientras que la teoría de juegos pretende establecer cómo la información afecta el comportamiento de las sociedades. En cierto modo, estos eruditos, que tuvieron sus

---

1. Como en: «*informatvm in quandam formam designatum et conpositum*». MARCUS SERVIUS Hon. A. 8.426.1.

2. Como, por ejemplo, en: «*Post deinde quarta hebdomade, quod eius uirile secus futurum est, caput et spina, quae est in dorso, informatur*». Aul.Gel. N.A.3.10.7.5.

3. Así, Medusa transforma (informa) a personas en piedra: «*ille cognita re caput Gorgonis eis ostendit omnesque ab humana specie sunt informati in saxum*». Hyg.Fab. Fab.64.2.4 64.3.

4. Como en el caso que Cicerón afirma que una petición ha sido comunicada: «*petitorum haec est informata adhuc cogitatio*». CICERÓN, Att. 1.1.2.8.

reuniones en Nueva York y fueron conocidos como el Grupo Macy, cambiaron profundamente nuestro mundo. Entre ellos encontramos a Francis CRICK, uno de los descubridores del ADN, John von NEUMANN, el creador tanto de los primeros ordenadores digitales como de la teoría de juegos, Warren McCULLOCH y Walter PITTS, que diseñaron el primer modelo lógico de neuronas, Claude SHANNON, el inventor de la Teoría Matemática de la Comunicación y Norbert WIENER, fundador de la Cibernética.

Pero ¿qué es exactamente la cibernética? Durante la primera mitad del siglo XX se hizo cada vez más claro que la información era un problema teórico central, aunque sólo había sido tratada marginalmente en la ciencia. Tanto los sistemas biológicos como los mecánicos dependían crucialmente de la información para desarrollarse y funcionar, pero no había un enfoque teórico general que permitiera que la investigación floreciera. La herencia podría concebirse como un problema de transmisión de información intergeneracional, actividad neuronal, como un problema de procesamiento de información e incluso la construcción de computadoras universales, por entonces sólo recientísimamente teorizada por TURING, también era un problema de información. Durante la Segunda Guerra Mundial, Norbert WIENER trabajó en cañones antiaéreos automáticos. Mientras realizaba sus esfuerzos, tuvo la intuición de que los sistemas biológicos y mecánicos funcionaban como dispositivos de procesamiento de información y, por lo tanto, la información era crucial para desarrollar y controlar dichos sistemas. Para controlar un sistema, la información relativa a su rendimiento parece crucial para corregirlo y perfeccionarlo. Si no se proporciona esa información al sistema, no habrá manera de que pueda alcanzar sus objetivos. Para que un sistema automático funcione, se necesitaría un flujo constante de información sobre su entorno, y los datos sobre su rendimiento pasado serían indispensables para mejorar la actividad futura. Básicamente, el flujo de información gobierna el sistema. Esta es exactamente la idea detrás de la cibernética. En palabras de WIENER:

«We have decided to call the entire field of control and communication theory, whether in the machine or in the animal, by the name Cybernetics, which we form from the Greek χυβερνήτης or steersman» [5].

La gobernanza de un sistema depende fundamentalmente del flujo de información. En este sentido, una orden para proporcionar una acción es un mensaje que se comunica al sistema (*feedforward*), mientras que la información sobre la acción realizada que el sistema da constituye retroalimentación. La cibernética es el estudio del flujo de información en un sistema.

---

5.   WIENER, N., *Cybernetics or Control and Communication: in the Animal and the Machine.* The MIT Press. Cambridge (MA) 2019, p. 53.

El nombre proviene de la palabra griega *kubernetes*, o piloto, como una referencia implícita a la teoría del gobierno de PLATÓN expuesta en el libro VI de su República. El filósofo ateniense afirma que una ciudad debe ser gobernada por los sabios, como un barco debe tener un timonel perito en la navegación[6]. La información y la gobernanza parecen imbricadas en la definición misma del asunto.

La idea es bastante simple, pero las implicaciones parecen enormes, especialmente cuando se aplican a una amplia variedad de sistemas. De hecho, la cibernética se inspiró en[7] los sistemas biológicos, a fin de aplicar estos mismos principios a las construcciones mecánicas y sociales[8].

El término información es bastante oscuro. Estaba claramente fuera de la investigación científica durante el siglo XIX, cuando la física había recurrido a un punto de vista materialista, reduciendo todos los procesos naturales en un elaborado juego de billar, donde la energía y la materia eran suficientes para explicar cualquier fenómeno natural. Esto dio lugar a algunas paradojas interesantes, como la que lleva el nombre de James Clerk MAXWELL, conocida por nosotros como el demonio de MAXWELL[9]. Imaginemos un sistema de dos compartimentos comunicado por una trampilla. Ambos están llenos de aire, que está, por supuesto, compuesto por un grupo de moléculas, todas ellas a diferentes temperaturas. Supongamos que hubiera una entidad que controla la trampilla, dejando salir del primer compartimento y entrar en el segundo solo aquellas moléculas que tienen una temperatura más alta, y fuera del segundo y en el primero aquellas que tienen una temperatura más baja. De repente, y sin ninguna nueva energía proporcionada, el sistema experimentaría un aumento en la temperatura del segundo compartimento, mientras que el primero se enfriaría cada vez más. Esto violaría directamente la segunda ley de la termodinámica, que establece que la temperatura debe igualarse entre los dos. En lugar de una creciente homogeneidad entre los dos compartimentos, habría una diferencia creciente entre los dos, y, por lo tanto, surgiría el orden en lugar del estado caótico que la naturaleza manda. Este experimento mental significó

---

6.   *Vid.* PLATÓN, Rep. 6.488-489d.

7.   «*I wish to point out nevertheless that language is not exclusively an attribute of living beings but one which they may share to a certain degree with the machines man has constructed*». WIENER, N., *The Human Use of the Human Being. Cybernetics and Society.* Hachette Books-Da Capo Press 1954, p. 74.

8.   «*Wiener and his colleagues unfurled their proposition that the complex workings of automatic machines and electronic computers-and living nervous systems, too-could all be studied from a unified viewpoint grounded in the advancing science of communication*». CONWAY, F. y SIEGELMAN, J., *The Dark Hero of Information Age. In Search of Norbert Wiener the Father of Cybernetics.* Basic Books, Nueva York 2005, p. 54.

9.   MAXWELL, J. C., *Theory of Heat.* Longmans, Greem and Co. Londres 1872, pp. 308-309.

para WIENER que[10] al aumentar la cantidad de información en un sistema, surgiría el orden, algo que podría, eventualmente, imponerse incluso a las reglas que gobiernan la energía y la materia. En este sentido, afirmó:

«Information is information, not matter or energy. No materialism which does not admit this can survive at the present day»[11].

Pero ¿por qué es tan importante que la información pueda revertir la segunda ley de la termodinámica? Este principio fue enunciado por Nicolas Léonard Said CARNOT[12] en 1824, en la siguiente forma: cuando dos cuerpos tienen temperaturas diferentes, ambos tenderán a converger en la misma, ya que la energía del que tiene una temperatura más alta pasará al que tiene una temperatura más baja. La única manera de revertir este proceso es mediante la adición de nueva energía. En términos prácticos, si el café está caliente y el aire está frío, el calor de la taza de café pasará al aire, calentándolo un poco, mientras que la taza se enfría. La única forma de revertir el proceso es agregando nueva energía (es decir, recalentar el café). Lo que hace el demonio de MAXWELL es equivalente a recalentar la taza de café, sin agregar ninguna energía nueva al sistema.

Aunque la segunda ley de la termodinámica se basó en primer lugar en la energía calórica, este principio tiene un alcance universal y se puede utilizar para describir cualquier sistema físico. En términos prácticos, esto significa que siempre se pasa de un estado ordenado a uno desordenado, y que no hay manera de revertir esta tendencia al desorden si no se trae nueva energía al sistema. Lo que la interpretación de WIENER de la paradoja de MAXWELL implica, es que la información también puede hacer algo equivalente, aunque no es energía. Entonces, ¿cuál es la magia de la información?

En sus términos más básicos, la segunda ley de la termodinámica es el principio de la entropía. Todo se disuelve desde un estado ordenado en un desorden difuso, a menos que entre más energía en el sistema para ordenar las cosas nuevamente. Si no se ordena una cocina, lo que implica trabajo —una medida de energía— ésta evolucionará lentamente hacia un estado entrópico y eventualmente dejará de ser una cocina en absoluto. Todo el universo sigue este principio, y evoluciona desde un estado extremadamente ordenado (el Big Bang), cuando toda la materia y la energía se acu-

---

10. WIENER, N., *The Human Use of the Human Being. Cybernetics and Society*. Hachette Books-Da Capo Press, Boston 1954, p. 28.

11. WIENER, N., *Cybernetics or Control and Communication in the Animal and the Machine*. The MIT Press. Cambridge (MA) 2019, p. 204.

12. CARNOT, S., *Réflexions sur la Puissance Motrice du Feu et sur les Machines propres à développer cette puissance*, Bachelier, París 1824.

mularon en una singularidad, a un estado entrópico donde toda la materia y la energía se difunden permanentemente a través de un universo completamente muerto. En cierto modo, la segunda ley de la termodinámica marca el paso del tiempo y, posiblemente, es el tiempo mismo. Como dice WIENER:

«*As entropy increases, the universe, and all closed systems in the universe, tend naturally to deteriorate and lose their distinctiveness, to move from the least to the most probable state, from a state of organization and differentiation in which distinctions and forms exist, to a state of chaos and sameness. In Gibbs' universe order is least probable, chaos most probable. But while the universe as a whole, if indeed there is a whole universe, tends to run down, there are local enclaves whose direction seems opposed to that of the universe at large and in which there is a limited and temporary tendency for organization to increase. Life finds its home in some of these enclaves*»[13].

En este océano de entropía, aparecen pequeñas islas de orden que pueden reorganizarse y mantener un patrón de organización mediante la aplicación de información en energía y materia. Estas islas resilientes son capaces de computar información y transformarla en orden. El estudio de estos sistemas es objeto de la cibernética en sus relaciones informativas con el entorno, y esa es la razón por la que campos tan disímiles como la neurología, la genética, la teoría de juegos y la inteligencia artificial entran en su ámbito. Cibernético, en este sentido, es el estudio del orden tal como emerge de la información.

III. ENTROPÍA E INFORMACIÓN

Hemos tocado una relación importante, la conexión entre entropía e información. Curiosamente, hay una conexión bastante desconcertante entre los dos conceptos. En cierto sentido, la información y la entropía son opuestos, pero en otro sentido, se correlacionan directamente, y todo depende de la perspectiva que tomemos. Como hemos visto, la información puede oponerse efectivamente a la segunda ley de la termodinámica, y es la negativa de la entropía. El orden implica información, porque no hay organización posible sin ella. O en palabras de WIENER:

«*The notion of the amount of information attaches itself very naturally to a classical notion in statistical mechanics: that of entropy. Just as the amount of information in a system is a measure of its degree of organization, so the entropy*

---

13. WIENER, N., *The Human Use of the Human Being. Cybernetics and Society*. Hachette Books-Da Capo Press 1954, p. 14.

of a system is a measure of its degree of disorganization; and the one is simply the negative of the other» [14].

En este sentido, la información puede ser considerada como negativa de la entropía. A medida que aumenta la entropía, la información disminuye. Un libro escrito por un mono con una máquina de escribir no contiene información, sólo entropía. Un sistema vivo es extremadamente organizado y contiene grandes cantidades de información, por lo que SCHRÖRDINGER pensó en la vida como entropía negativa [15]. Esto implica que la cantidad de información que lleva un mensaje también se puede medir de acuerdo con la cantidad de entropía que contiene.

Los estudios matemáticos formales de la transmisión de datos se deben al trabajo de otro miembro del grupo cibernético, Claude SHANNON [16]. El aplicó la formulación matemática de la termodinámica a la medición de la información [17]. En términos muy simples, si la información y la entropía son dos elementos correlacionados, uno puede usar las mismas ecuaciones para medirlos a ambos. Desde su perspectiva, un mensaje contiene más información si contiene más incertidumbre, lo que él llamó entropía. Por ejemplo, si un mensaje contiene solo dos posibilidades, como una ouija con solo un «sí» o un «no» para las respuestas, en principio hay un 50% de posibilidades de obtener una respuesta u otra, por lo que cuando uno obtiene un sí o un no, el valor de información del mensaje es proporcional [18]. Si tiene dos alternativas más, digamos cuatro, como: (1) izquierda (2) derecha (3) arriba y (4) abajo, hay cuatro alternativas, por lo que cada mensaje tiene un 25% de posibilidades de aparecer. La capacidad informativa del mensaje es mayor, ya que hay menos posibilidades de que aparezca cada alternativa [19]. Cada vez que añadimos otro par de posibilidades, la incertidumbre del mensaje se duplica, es decir, se eleva en una potencia de dos. Esto sig-

---

14. WIENER, N., *Cybernetics or Control and Communication in the Animal and the Machine.* The MIT Press. Cambridge (MA) 2019, p. 53.

15. SCHRÖDINGER, E., *What is Life? The physical aspect of the living cell.* Cambridge University Press, Cambridge 2013, pp. 69 ss.

16. SHANNON, C., «A Mathematical Theory of Communication», *The Bell System Technical Journal*, 27-3 (1948), pp. 379-423.

17. *«Shannon's breakthrough was to realise that thermodynamic entropy equations could also be applied to information. Maximum entropy is where there is no information, such as an entirely fuzzy TV screen, or an indecipherable telephone message. Negentropy – that is, structure and order – is high in information in this technical sense».* HOLMES, J., *The Brain has a Mind of its Own.* Confer Books. Londres 2020, p. 19.

18. Si tomamos 1 como indicador de total certeza y 0 de absoluta incerteza, el valor de las respuestas de una ouija de dos posibles respuestas es 0.5.

19. Aquí, cada una de las cuatro posibles respuestas tiene una probabilidad de 25%. Por tanto, si un mensaje aparece de entre cuatro alternativas, el mensaje retira el 75% de

nifica que si existen 3 posibilidades, hay 8 respuestas posibles, 4 da 16, y así sucesivamente. Por lo tanto, la capacidad informativa de un mensaje está vinculada a un logaritmo de base dos, donde el aumento de posibilidades (incertidumbre o entropía de SHANNON), aumenta con la capacidad del mensaje para transmitir información. Esta visión vincula la información y la entropía de una manera ligeramente diferente al enfoque de WIENER, ya que en SHANNON la información contenida en el mensaje estaría directamente vinculada a la incertidumbre del mensaje, mientras que en la de Wiener estaría vinculada inversamente, es decir, al logaritmo negativo de base dos[20]. Aunque esta divergencia trajo cierta disputa al grupo Macy's[21], y tiene implicaciones prácticas y teóricas interesantes, ahora no nos ocuparemos del asunto. Para nuestros fines, es más desconcertante el hecho de que la entropía y la información estén tan estrechamente interrelacionadas, que se pueda medir la una con la otra.

SHANNON asume que la unidad más básica de información es un mensaje que podría contener al menos dos respuestas posibles, ya sea un «sí» o un «no», un «apagado» o «encendido», o cualquier medio equivalente. Llamó a esta doble posibilidad un bit, como una abreviatura de dígito binario[22]. Si un mensaje sólo pudiera contener una respuesta posible (como un reloj descompuesto que siempre da la misma hora del día), la hora —o mensaje— que muestra en su esfera no tendría contenido de información en absoluto, y por lo tanto, no habría bits. Si el mensaje puede incluir más respuestas, se deben agregar más bits para expresar su contenido. Con 8 bits, se forma un byte[23], y mil bytes es un kilobyte, y de ahí en adelante hasta que se obtienen megabytes, gigabytes, terabytes, petabytes y cualquier otra medida de información que se necesita para describir un mensaje. ¿Por qué los bytes son la unidad básica de memoria de un ordenador? Simplemente

---

     incerteza que las otras tres posibilidades sumaban. En este sentido, tiene un valor informativo de 0.75. Por ello, cuantas más posibilidades existen para un mensaje (de incerteza o entropía), el mensaje se hace más informativo.

20.   WIENER, N., *The Human Use of the Human Being. Cybernetics and Society*. Hachette Books-Da Capo Press, Boston 1954, p. 21.

21.   CONWAY, F., SIEGELMAN, J. *The Dark Hero of Information Age. In Search of Norbert Wiener the Father of Cybernetics*. Basic Books, Nueva York 2005, p. 184.

22.   *«The choice of a logarithmic base corresponds to the choice of a unit for measuring information. If the base 2 is used the resulting units may be called binary digits, or more briefly bits, a word suggested by J. W. Tukey. A device with two stable positions, such as a relay or a flip-flop circuit, can store one bit of information. N such devices can store N bits, since the total number of possible states is 2N and log2 2N = N».* SHANNON, C., «A Mathematical Theory of Communication», *The Bell System Technical Journal*, 27-3 (1948), p. 379.

23.   El origen de la palabra es dudoso. Sabemos que aparece en la página 5 del memorándum de IBM titulado «The Link System» de Werner Buchholz en 1956, aunque parece provenir de un uso coloquial previo.

porque fue adoptado en la década de 1960 como la unidad estándar de computación debido a su capacidad para codificar 256 caracteres (2 a la potencia de 8), lo que parecía útil para incluir todos los caracteres básicos del ASCII (*American Standard Code for Information Interchange*)[24].

En resumen, la conexión entre información y entropía implica que la información puede medirse utilizando herramientas matemáticas bastante simples, pero todavía nos queda un gran número de oscuridades con respecto a su naturaleza, su conexión con los datos y su transmisibilidad.

IV. LA INFORMACIÓN ES UNA CHICA MATERIAL

La información no puede existir por sí misma, necesita una encarnación. Es una obviedad que no puede haber información sin representación[25]. Significa que, para adquirir, calcular o transmitir información, es necesario ponerla en algún tipo de marco material, ya sea energía, materia o ambas. No hay un mundo platónico de ideas, donde la información simplemente flota, e incluso algo tan etéreo como Internet necesita una enorme infraestructura física para guardar, procesar y transmitir información. Toda la información está incrustada en la materia o energía que puede representarla. Si se quiere aprender sobre don Quijote, puede leerse el libro, donde la información está representada en caracteres impresos en hojas de papel, o puede verse un video, donde la misma información se representa como imágenes y sonidos, o incluso pedirle a alguien que lo cuente, y en este caso la información se representará en patrones de movimiento de aire que son percibidos como sonido. Finalmente, cuando luego del proceso de percepción, esta información estará representada dentro del cerebro en forma de redes neuronales. Si se pierde la representación, se pierde la información. Si se quema la última copia de un libro, la información que contenía se pierde para siempre, a menos que se crea en algún tipo de cielo informativo —similar al mundo de las ideas de PLATÓN— donde toda la información va después de que su vasija final es destruida. Por lo tanto, la información necesita esencialmente una representación física, y llamamos a eso un dato.

Pero, ¿qué es un dato? Debido a que la información debe estar codificada en el mundo, un dato debe tener un sustrato físico para existir. Cualquier

---

24. Vid: FLORIDI, L., *Information. A very short introduction.* Oxford University Press, Oxford 2010, p. 28.

25. FLORIDI, L., *Information. A very short introduction.* Oxford University Press. Oxford 2010, p. 69; LOMBARDI, O., «Mathematical Theory of Information (Shannon)» en FLORIDI, L., (Ed.) *The Routledge Handbook of Philosophy of Information*, Routledge, Londres-Nueva York 2016, p. 35; PRIMIERO, G., «Information in the Philosophy of Computer Science» en FLORIDI, L., (Ed.) *The Routledge Handbook of Philosophy of Information*, Routledge, Londres-Nueva York 2016, p. 197.

medio puede contener información y convertirse en un dato, siempre que sea capaz de mantener una marca que pueda ser reproducida por otra entidad. Hay dos propiedades contrafactuales que caracterizan cualquier dato (1) el poder mantener una marca o no, lo que podría llamarse plasticidad, y (2) el poder reproducirse, lo que podría llamarse reproducibilidad[26].

Lo primero es la plasticidad. Una sustancia es capaz de transportar información, y de ser un dato, si tiene la capacidad de contener una discontinuidad, una diferencia, una marca, como si fuera un estímulo de un evento. La naturaleza del evento que dio lugar a la marca debe ser decodificada para obtener la información, pero la posibilidad de poseer una marca es esencial para convertirla en portadora de información. Si no hubo estímulo, el hecho mismo de que no tenga una marca también puede ser un dato. Por ejemplo, supongamos que alguien busca a su gato en un jardín. Hay barro húmedo alrededor. Si hay una huella de una pata en el barro, se sabe que el gato pasó a través de él; si no hay huella, se sabe que no lo hizo. Es la capacidad del barro para llevar la marca de un evento lo que lo transforma en un portador de información: un dato. Si en lugar de un jardín fangoso, tenemos un estacionamiento hecho de concreto seco, el concreto no tendría la capacidad de sostener una marca y, por lo tanto, no podría ser un portador de información del gato que pasa.

Cualquier marca puede ser un dato, y el mundo está lleno de diferencias en materia y energía, por lo que se puede decir que el mundo está lleno de información. La búsqueda del significado y la naturaleza de esta información es una búsqueda del ingenio humano.

El segundo contrafactual es la reproducibilidad. Una forma de reproducir es copiar, tomar las marcas, los datos que posee una entidad y recrearlos. Puede hacer una copia exacta de algo reproduciendo cada detalle del tema, y luego obtendrá una reproducción de alta fidelidad de la información que contiene. En la antigüedad, la única forma de reproducir la información era copiar todo el objeto que la contenía. Si alguien quería tener un Diálogo de PLATÓN, todo el libro necesitaba ser escrito de nuevo a mano. Tener una copia de un cuadro, significaba pintarlo de nuevo. La falta de regulación con respecto a los derechos de autor, se relaciona con la ausencia de la posibilidad de reproducir mecánicamente las obras[27]. El advenimiento de la imprenta, significó la aparición de tales regulaciones[28].

---

26. MARLETTO las llama reversibilidad y copiabilidad. Vid: MARLETTO, C., *The Science of Can and Can't*. Viking, Londres 2021, pp. 76 y ss.
27. Fue Walter BENJAMIN quien realizó la observación relativa a la revolución que trajeron primero la imprenta y luego la fotografía y el cine consistieron en la posibilidad

Pero la información contenida en los datos también se puede reproducir extrayendo la información y vertiendo en otro medio que sea capaz de absorberla. Por ejemplo, la información contenida en las ranuras de un disco de vinilo se puede transformar en vibraciones de aire con la ayuda de una aguja. Esta información se reproduce en el aire como patrones de sonido y se puede copiar de nuevo en una grabadora. La información sobre la imagen de una persona contenida en la luz que se refleja en ella, se puede reproducir en papel con una cámara analógica. Cuando esto sucede, la información se copia, aunque el objeto no se reproduce. Percibir es, de hecho, una forma de copiar sin reproducir el objeto. Los patrones de luz que contienen una imagen son copiados en el sistema nervioso por la transducción de esos mismos patrones en señales eléctricas por la retina. Estas señales se procesan en una vasta red de neuronas para que podamos percibirlas como una imagen. Comunicar es entregar una copia de la información contenida en el mensaje, para que pueda ser copiada nuevamente por el receptor del mensaje. En esencia, la comunicación es un proceso de copiar e incrustar la información contenida de un sustrato material en otro. Compartir es copiar y este proceso se puede hacer por métodos digitales o analógicos, por lo que ese es el tema de la siguiente sección.

V. ANALÓGICO Y DIGITAL

La información siempre está incrustada en un sustrato físico. Para poder existir y transmitirse, la información debe estar codificada en materia o energía, de lo contrario no podría ser decodificada y sería imposible acceder a ella. Esto podría suponer un formato analógico o digital. Pero, ¿qué significan exactamente estas expresiones?

La palabra digital proviene del latín *digitus*, dedo, y apunta a cantidades discretas. La ida se explica porque al contar con los dedos, se pasa del número uno al dos, que son números naturales enteros y distintos. No obstante, hay una brecha entre ellos, un espacio discontinuo que separa el uno del dos. Los números naturales se comportan como entidades separadas sin continuidad entre ellos. Para pasar del uno al otro, se debe saltar una brecha entre ellos y alcanzar el siguiente número. No hay isla de 1.5 en el medio para descansar, si el salto no fue lo suficientemente poderoso. Se llega o no.

---

de reproducir un objeto por medios técnicos. Vid: BENJAMIN, W., *La obra de arte en la época de su reproductividad técnica*, F. Santos (trad.), La Marca, Buenos Aires 2019, pp. 85-87. No obstante, las tecnologías de la información implican un problema más profundo, pues suponen la extracción y formalización de la información contenida en un objeto, sin la necesidad de directamente reproducirlo.

28.   Vid: PUGLIESE, G., «Dalle res incorporale del diritto romano ai beni immateriali di alcuni sistemi giuridici ordierni» en *Riv. trim dir. proc. civ.* (1982) p. 1176.

Pero este conteo digital —con los dedos— no expresa la realidad tal como la percibimos. Aunque el mundo externo está probablemente compuesto de cantidades discretas de materia y vacío, como postuló DEMÓCRITO[29], al menos desde nuestra perspectiva, no vemos islas de materia en un mar de vacío, sino una extensión continua de materia y energía. Entonces, otra forma de acercarse a la cantidad sería medir y comparar. Esto se llama analogía, que proviene de la contracción de las palabras griegas «ana» y «logos», y significaría algo así como tener la «misma razón». ARISTÓTELES usa la palabra para referirse a una equivalencia de proporciones[30], mientras que CICERÓN definió la analogía como una comparación entre términos[31]. Las cantidades, desde una perspectiva analógica, no son expresiones discretas con límites acotados, sino cantidades continuas para ser comparadas con algún umbral estándar. Del uno al dos no hay abismo de vacío, sino más bien un flujo continuo en el que el uno se convierte en el dos cuando se supera un cierto umbral. Para imaginar esto, baste con pensar en los relojes digitales y analógicos. Uno digital muestra números enteros, y cuando pasa el tiempo aparece un nuevo entero. Los relojes analógicos muestran una aguja moviéndose por el espacio, entre dos números hay un continuo en el que podemos saber con precisión cuánto tiempo queda para traspasar el umbral. En los relojes analógicos, el tiempo se codifica como el espacio que debe atravesar la aguja, mientras que en los digitales no hay necesidad de dicha codificación.

Para formalizar esta diferencia, los números reales pueden codificar (dar una expresión matemática) a cualquier punto de la esfera de un reloj, ya sea una fracción o incluso un número irracional. Los números reales pretenden dar un valor numérico a cualquier posición analógica y, en términos prácticos, representan medidas analógicas. Esto es exactamente lo que LEIBNIZ y NEWTON hicieron a través de la invención del cálculo infinitesimal. Los números naturales, por el contrario, son estrictamente digitales. Esto da paso a muchas paradojas, porque en el espacio entre cada número natural, los números reales pueden codificar un continuo que no puede ser medido con precisión por enunciaciones discretas (digitales).

---

29. De hecho, DEMÓCRITO postulaba expresamente que la percepción no es más que interpretación. En sus palabras, no hay amargo ni dulce, solo átomos y vacío. En Sex. Empiricus, Pirr. 1.30.213-214.
30. ARISTÓTELES, Eth. Nic. 5.3 1131a «ἔστιν ἄρα τὸ δίκαιον ἀνάλογόν τι. τὸ γὰρ ἀνάλογον οὐ μόνον ἐστὶ μοναδικοῦ ἀριθμοῦ ἴδιον, ἀλλ᾽ ὅλως ἀριθμοῦ: ἡ γὰρ ἀναλογία ἰσότης ἐστὶ λόγων, καὶ ἐν τέτταρσιν ἐλαχίστοις».
31. «Quae Graece ἀναλογία, Latine (audendum est enim, quoniam haec primum a nobis novantur) conparatio proportiove dici potest». Cic. Tim. 13.11.

Para ilustrar el punto, podemos remontarnos a una cierta paradoja atribuida a ZENÓN DE ELEA[32] sobre una tortuga y Aquiles. Aquiles y una tortuga deciden competir en una carrera a pie. Por supuesto, siendo el corredor más rápido de Grecia y un caballero, Aquiles le da a la tortuga una ventaja. El problema es que, aunque Aquiles es mucho más rápido que la tortuga, nunca llega a alcanzarla. Cuando Aquiles comienza a correr, primero corre la mitad de la distancia que lo separa de la tortuga. Todavía hay cierta distancia que separa a Aquiles de la tortuga, que también se mueve, aunque a un ritmo mucho más lento, por lo que Aquiles corre de nuevo y hace la mitad del camino que lo separa de la tortuga. Pero la tortuga todavía está por delante, por lo que Aquiles corre de nuevo y hace la mitad de la distancia de nuevo, y así sucesivamente por toda la eternidad.

Este pequeño rompecabezas marca la diferencia entre el pensamiento digital y analógico. La tortuga avanza de manera analógica, mientras que Aquiles corre de manera digital. Entre dos cantidades hay una infinidad de cantidades discretas, y siempre existe la posibilidad de toparse con el infinito entre dos puntos. CANTOR[33] demostró que los números racionales no son expresables por un conjunto de enteros, y por lo tanto, el infinito entre uno y dos sería incluso mayor que el infinito de todos los números naturales.

VI. INFORMACIÓN DE CODIFICACIÓN

Una pregunta que podría desconcertar al lector es, ¿qué tiene que ver todo esto con los mundos virtuales, Internet y todas las cosas que generalmente significa la palabra digital? La conexión entre ambos significados proviene del hecho de que la información debe estar incrustada dentro de un mensaje para transmitirla, y hay dos formas de hacerlo, ya sea por medios digitales o analógicos. En las cámaras antiguas, la luz reflejada en un objeto se imprimía en una película fotosensible. Algunos de los fotones que rebotaron en mi cara en un día soleado, viajaron a través del espacio hacia la cámara y dejaron su huella directamente en la película. Algo similar sucede con las grabaciones en discos de vinilo, los teléfonos analógicos y la mayoría de las tecnologías de la información de los siglos XIX y XX. La entidad física en la que se incrustaba la información dejaba una huella en otro medio dispuesto a capturarla. Esa huella se conservaba y reproducía por medios mecánicos, y el resultado era la difusión de copias mecánicas de la información. Junto con la información capturada, también había ruido, es decir, otras marcas dejadas además del contenido informativo que se

---

32. ARISTÓTELES, Phys. 6.9 239b15.
33. CANTOR, G., *Contributions to the founding theory of transfinite numbers*, P.E.B. Jourdain (trad.), Martino Fine Books, Nueva York-Dover 1954, pp. 85 ss.

pretendía capturar, que podrían provenir de otras circunstancias que rodearon la grabación o incluso de la calidad del medio seleccionado. El contenido de ruido degrada el mensaje al reducir la información y aumentar la entropía. Por esta razón, siempre existía la necesidad de suprimir el ruido para preservar la información. Una segunda copia, es decir, una copia de una copia, necesariamente tenía más ruido que una primera copia, por lo que el contenido informativo se degradaba y la fidelidad se reducía, mientras que la entropía aumentaba.

Otra forma de codificar la información es dar a cada dato medible un valor numérico que se puede incrustar en un sustrato material (una hoja de papel, una cinta magnética, lo que sea que quiera imaginar). Lo que se obtiene es una descripción del fenómeno que se está codificando, no una copia directa, y esta descripción se puede transmitir fácilmente. Cuando se necesite reproducir la información, sólo se necesita seguir la descripción y recrear la entidad descrita decodificando la información. Si la transmisión de la descripción no se ha degradado adquiriendo ruido (algo que siempre puede suceder a través de errores de transcripción), se obtendrá una recreación completa de cada detalle codificado del fenómeno original. Cada copia tendrá la misma fidelidad si la información no se pierde en el proceso.

La forma habitual de codificar digitalmente la información es a través de números binarios, que van del 0 al 1. Pero, ¿por qué usamos un sistema numérico tan extraño? ¿Por qué no simplemente usar un sistema decimal? La respuesta es porque es más sencillo. Utilizamos diferentes sistemas numéricos para diferentes propósitos. Contamos minutos y horas en un sistema de base sesenta, mientras que usamos un sistema de base doce para contar huevos y meses. Los sumerios y los etruscos parecían preferir sistemas de base doce, porque se puede dividir el número doce por muchos factores (dos, tres, cuatro y seis), mientras que los sistemas decimales son bastante inconvenientes en ese respecto. De la misma manera, el sistema el binario tiene ciertas ventajas para el cálculo mecánico debido a su conexión con la lógica, lo cual ya fue evidente para LEIBNIZ.

LEIBNIZ fue considerado un precursor importante para la cibernética[34] y el análisis de la información en general. Era un personaje bastante extraordinario, con vastos intereses que orbitaban desde la metafísica hasta el

---

34. *«If I were to choose a patron saint for cybernetics out of the history of science, I should have to choose Leibniz. The philosophy of Leibniz centers about two closely related concepts-that of a universal symbolism and that of a calculus of reasoning. From these are descended the mathematical notation and the symbolic logic of the present day».* WIENER, N., *Cybernetics or Control and Communication in the Animal and the Machine.* The MIT Press. Cambridge (MA) 2019, p. 54.

derecho y el lenguaje. Propuso la idea de expresar todos los enteros en un sistema numérico usando sólo dos números, 0 y 1[35]. En lugar de usar diez números y cambiar la década cada diez, solo usó dos. La utilidad de tal sistema sería simplificar el cálculo y la geometría. Significativamente, no usó este sistema binario para su máquina calculadora. De todos modos, propuso la idea de construir un lenguaje lógico universal para razonar e inferir en términos aritméticos[36] utilizando números binarios para simplificar el cálculo[37]. Esta es una idea importante, ya que equipara la lógica y la aritmética, haciendo que ambas sean intercambiables. Hasta LEIBNIZ, la lógica era todavía bastante similar al viejo modelo aristotélico, con silogismos y lenguaje ordinario como su principal *modus operandi*. LEIBNIZ propuso la posibilidad de formalizar el razonamiento lógico en términos matemáticos. Sin embargo, sus sueños aritméticos no florecerían hasta dentro de otros dos siglos.

En 1847, George BOOLE publicó un interesante libro, The Mathematical Analysis of Logic, donde postulaba que era posible analizar la lógica en términos matemáticos[38]. Aunque estas ideas habían sido postuladas antes por LEIBNIZ, fue la obra de BOOLE la que les dio difusión en la comunidad de matemáticos. Un punto importante de la obra, fue que los valores verdadero y falso de la lógica podrían representarse en un sistema numérico como cero (para falso) y uno (para verdadero)[39]. A partir de esta afirmación, se podría desarrollar un sistema numérico de una manera bastante diferente de los números decimales, porque en lugar de correr del uno al diez, podría ir de cero a uno. Aunque estas ideas habían sido anticipadas por LEIBNIZ, la exposición fue tan simple y completa, que hizo que el trabajo de LEIBNIZ pareciera incompleto. Este era un sistema adecuado para convertir cualquier proposición lógica en un problema aritmético, mostrando una com-

---

35. «*Mais au lieu de la progression de dix en dix, j'ai employé depuis plusieurs années la progression la plus simple de toutes, qui va de deux en deux; ayant rouvé qu'elle fert à la perfection de la science des Nombres. Ainsi je n'y employe point d'autres caracteres que 0 & 1, & puis allant à deux, je recommence*». LEIBNIZ, G., «Explication de l'Arithmetique Binaire», en *Mémoires de l'Academie Royale Des Sciences* (1703), p. 85.

36. Este será su famoso *calculus rationator*, descrito en su *Dissertatio de Arte Combinatoria*. Ahí afirma: «*Cum igitur Numerus fit quiddam Universalissimum merito ad Methaphysicam petinet. Si methaphysicam accipias pro doctrina eorum quae omni entium generi sunt communia*». LEIBNIZ, G., *Dissertatio de Arte Combinatoria*. Lipsiae, 1666, p. 2.

37. LEIBNIZ, G., *Dissertatio de Arte Combinatoria*. Lipsiae, 1666, pp. 6-7.

38. «*I purpose to establish the Calculus of Logic, ard that I claim for it a place among the acknowledged forms of Mathematical Analysis, regardless that in its object and in its instruments it must at present stand alone*». BOOLE, G., *The Mathematical Analysis of Logic*. Henderson & Spalding. Londres 1847, p. 4.

39. BOOLE, G., *The Mathematical Analysis of Logic*. Henderson & Spalding, Londres 1847, pp. 19 ss.

patibilidad fundamental entre ambas ciencias. A partir del trabajo de BOOLE, la lógica se convirtió en aritmética y los números binarios llegaron a ser conocidos como números booleanos.

Durante los siguientes cincuenta años, la lógica matemática floreció, y se hizo cada vez más claro que los principios básicos de la lógica y las matemáticas eran comunes. Era muy posible expresar cualquier teorema matemático como una declaración lógica. Finalmente, fueron Bertrand RUSSELL y Alfred North WHITEHEAD, en sus famosos Principia Mathematica, quienes demostraron que era posible expresar las matemáticas, como un todo, en lenguaje lógico. Los Principia Mathematica fueron una obra impresionante. Pretendía ser un sistema formal completo, que hiciera que todas las matemáticas y la lógica convergieran en un modelo deductivo, donde cualquier proposición verdadera pudiera expresarse formalmente mediante cálculo. En cierto modo, hizo converger el pensamiento y el cálculo – o computación en el viejo sentido tradicional.

Ahora bien, hay una gran brecha entre símbolos y significado. Si se codifica información en símbolos, se puede administrar esos símbolos de manera matemática y obtener un resultado, pero en algún momento la decodificación debe suceder, y esto requiere información, tiempo y energía adicionales. De todos modos, se hizo bastante evidente que cualquier tipo de información podría codificarse utilizando números binarios —o booleanos— y un pequeño conjunto de símbolos lógicos. Debido a que los símbolos utilizados para describir el fenómeno que se codifica son números discretos, la información se codifica digitalmente, como una descripción, y puede procesarse y transmitirse de esta misma manera sin perder fidelidad respecto a la entidad original que describe. Para expresarse sea como una imagen, música o de la forma que sea que se elija, basta con convertir nuevamente la información en luz o sonido.

Este proceso fue descrito por Claude SHANNON, otro de los cibernéticos. Escribió un artículo bastante interesante en la revista de los laboratorios Bell[40] donde describió el proceso de codificación de información en un canal de comunicación utilizando números booleanos. Digamos que se desea transmitir un mensaje, uno que implique simplemente un sí o un no, donde la mayor parte del significado se dejará a la interpretación del receptor, como por ejemplo, ¿le gustaría espaguetis para la cena? La forma más fácil de hacerlo es codificar el mensaje sí o no de forma binaria. Podrían dejarse las luces de la cocina encendidas para significar un sí y apagadas para un no. Este mensaje es binario, o, en la nomenclatura de SHANNON,

---

40. SHANNON, C., «A Mathematical Theory of Communication», *The Bell System Technical Journal*, 27-3 (1948), pp. 379-423.

contiene una unidad de información binaria – un bit. Esta es la unidad de información más pequeña posible que se puede concebir, un átomo de información, y puede ser representado por un número booleano, un uno para espaguetis, un cero para nada. Supongamos que se desea codificar algún otro mensaje en la cocina, por ejemplo, si se desean huevos con los espaguetis, se dejará un huevo en la mesa, si no, no. Esto implica otro par de posibilidades. Ahora se puede dejar establecido en la cocina que no se desea nada para la cena (luces apagadas y sin huevos en la mesa), sólo espaguetis (solo se enciende la luz), solo huevos (luces apagadas y huevos en la mesa) o ambos (luces encendidas y huevos en la mesa). Entonces, al agregar otro bit de información, se duplicaron las posibilidades de codificación. Si se agrega otro par —un bit más—, se duplicará la capacidad de codificación nuevamente y se obtendrán ocho posibilidades. Pero, todos estos códigos necesitan una cierta convención especialmente establecida entre el cocinero y quien deja el mensaje, lo cual es obviamente inconveniente. Resulta más práctico codificar el alfabeto completo y otros signos más, de manera que se pueda codificar cualquier mensaje que se desee y que el lenguaje permita. Para ello, en los años sesenta se adoptó otra convención, con ocho bits (es decir, 256 posibilidades) se codificarían los signos de escritura convencionales, y por lo tanto, se podría codificar digitalmente cualquier texto. Esta unidad de ocho bits es un byte. La información digital se cuenta en bytes por conveniencia, por lo que mil bytes es un kilobyte (como mil gramos es un kilogramo) y así sucesivamente. Para codificar una imagen se necesita mucha más capacidad en el canal de transmisión, porque se necesitas codificar cada punto de la imagen —un píxel—, su posición en la pantalla —como ejes x e y en un gráfico— y color —usando rojo, verde y azul—. Podría hacerse a mano, pero llevaría bastante tiempo, por lo que es más sencillo si una máquina lo hace automáticamente. Dado que el resultado es simplemente una descripción muy detallada —un código—, para visualizarlo solo se necesita ejecutar la descripción y se obtendrá la imagen completa en cualquier momento que se quiera. Puede reproducirse tantas veces como se desee y nunca perderá calidad. La información se cifra digitalmente (como una descripción en números digitales binarios) y durará mientras la descripción no se altere o corrompa. Esto es a lo que se suele referir la gente cuando se usa la palabra digital, que la información está codificada y puede ser reproducida por un proceso de cálculo o computación.

VII. ¿INFORMACIÓN Y VERDAD?

Un problema final relativo a la información es la conexión entre el contenido de los datos y el mundo. En pocas palabras, ¿es la verdad un elemento de la información? Una de las principales virtudes de la teoría de la información de SHANNON es que no considera el contenido de los mensajes, sino que simplemente se ocupa del problema de su transmisión. En este sentido, la de SHANNON es más una teoría de la comunicación que de la información, estrictamente hablando[41]. Algunos filósofos —sobre todo FLORIDI[42]— consideran que el contenido de los datos, para poder ser considerado como información, debe ser significativo y, si se hace referencia a hechos, veraz, mientras que de lo contrario sería desinformación. En este sentido, distingue entre información fáctica e instructiva, donde la primera se refiere a hechos de la realidad, mientras que la segunda a instrucciones, deseos y órdenes.

Sin embargo, creemos que este análisis es fundamentalmente erróneo. Estamos de acuerdo en que hay muchos tipos de afirmaciones, algunas de las cuales pretenden describir la realidad. Por lo general, podemos distinguir estas afirmaciones porque usan el modo indicativo, que está destinado a describir —lo que FLORIDI llamaría «información fáctica»—. Por ejemplo, si afirmo que el cielo es azul, esta afirmación puede compararse con la realidad y se puede presentar una conclusión con respecto a su correspondencia con ella. Solemos decir que, si la realidad confirma la afirmación, es verdad. Sin embargo, hay otras afirmaciones que simplemente no tienen la intención de hacer tal descripción, por lo que no podemos decir si son ciertas. Por ejemplo, cualquier declaración imperativa, como, por ejemplo, «tráeme una taza de café», no es ni verdadera ni falsa. Podemos decir que es una afirmación seria, válida, apropiada, educada o cualquier otra calificación que queramos, pero no estrictamente verdadera o falsa. Lo mismo ocurre con los subjuntivos, aquellos que suelen expresar deseos como: «vamos a la playa». Las instrucciones y los deseos, en este sentido, están más allá de la veracidad. Esto se aplica no solo a la información que se da intencionalmente, sino a cualquier tipo de información que se pueda recopilar. El ADN contiene un conjunto muy específico de instrucciones sobre un ser vivo que, cuando se sigue, expresa un cierto fenotipo, y estas instrucciones no pueden ser ni verdaderas ni falsas. El Derecho y las normas se comportan de manera similar, y es por eso que al analizar formalmente la Ley solemos reemplazar el concepto de veracidad por validez. Una regla no es estrictamente verdadera o falsa porque las reglas no describen el Derecho, sino que constituyen el Derecho y están destinadas a ser seguidas.

---

41.   «*A limitation of Shannon's theory is that it explicitly excludes the semantic content of information and only deals with the data*». HARSHMAN, N.L., «Physics and Information» en FLORIDI, L., (ed.) *The Routledge Handbook of Philosophy of Information*. Routledge. Londres-Nueva York 2016, p. 10.

42.   FLORIDI, L., «Semantic Information» en FLORIDI, L., (ed.) *The Routledge Handbook of Philosophy of Information*. Routledge. Londres-Nueva York 2016, pp. 44 ss.

De la misma manera que el ADN da paso a los seres vivos, las reglas jurídicas son las instrucciones para crear instituciones jurídicas. En este sentido, el Estado se construye siguiendo reglas, de la misma manera que un ser vivo es moldeado por su ADN. Estas reglas a veces se llaman información algorítmica[43]. Un dato interesante sobre las entidades generadas por reglas es que están compuestas por información. Una institución legal existe solo si las reglas que la componen son válidas y generalmente se consideran legítimas. Cuando las reglas pierden validez (derogación) o apoyo (legitimidad), las instituciones construidas a partir de ellas colapsan o cambian.

De todos modos, incluso las declaraciones indicativas no son simplemente una cuestión de veracidad. Por ejemplo, decir que «la vida es un cuento contado por un idiota, lleno de sonido y furia que no significa nada», no es una cuestión de correspondencia con el mundo exterior. Esta afirmación, aunque indicativa y destinada a describir la realidad, no puede compararse simplemente con la realidad. En cierto modo, esta afirmación va más allá de la veracidad. Puede sonar correcto, porque la experiencia puede hacer que la analogía sea vívida, pero no es ni verdadera ni falsa. La experiencia vivida puede hacer que esta afirmación parezca apropiada o no, pero la información contenida en ella no es una cuestión de simple verificación. En cierto modo, los textos religiosos tienden a contener este tipo de información. ¿Fue creado el mundo en siete días? Eso va mucho más allá de la ciencia y parece difícil dar alguna calificación a la afirmación.

Por otro lado, hay un problema al comparar la información con la realidad. No tenemos acceso directo a la realidad, pero nuestra concepción del mundo exterior siempre se obtiene a través de la percepción, que es una construcción del sistema nervioso. Lo que percibimos como real también es información que ha llegado a nuestra mente consciente, por lo que cuando comparamos una información con la realidad, solo nos enfrentamos a dos conjuntos de información. Podríamos decidir dar prevalencia a la obtenida directamente a través de la percepción, o no, como, por ejemplo, cuando preferimos pensar en la Tierra girando alrededor del sol en lugar de que el sol se mueva por el cielo. Y esto ni siquiera entra en el problema del solipsismo, que haría inútil cualquier comparación.

Finalmente, los humanos creamos una gran cantidad de declaraciones indicativas que no pretenden ser descriptivas de ningún fenómeno real. Don Quijote es una pieza bastante grande de declaraciones y ninguna de

---

43.   Vid: SHEN, A., «Algorithmic Information Theory» en FLORIDI, L., (ed.) *The Routledge Handbook of Philosophy of Information*. Routledge. Londres y Nueva York 2016, pp. 37 ss.; HIESINGER, P. R., *The Self-Assembling Brain. How neural networks grow smarter*. Princeton University Press. Princeton-Oxford 2021, p. 98.

ellas es comparable a la «realidad», por lo que no es veraz. ¿Deberíamos decir que no contiene ninguna información? Si la verdad es un elemento que nos permite calificar una afirmación como información, entonces la respuesta debería ser no, pero esto es claramente un error. Las consecuencias de calificar una declaración como información solo cuando es veraz son importantes, porque haría que cualquier tipo de derecho a la información fuera limitado en su alcance. Creemos que traer la veracidad como elemento definitorio de la información no es útil. La veracidad es simplemente demasiado compleja para determinarla. Si la veracidad fuera un elemento de información, entonces las declaraciones más importantes en la vida no contarían como información. No creo que la veracidad no sea posible, solo que no es apropiado considerarla como parte de la definición de información, o incluso de la desinformación.

Capítulo 3

La necesidad de una regulación transnacional de la Inteligencia Artificial

José Justo Megías Quirós
Catedrático de Filosofía del Derecho
Universidad de Cádiz

SUMARIO: I. LA FUTURA REGULACIÓN EUROPEA DE LA IA. *1. Primera etapa: el marco ético. 2. Propuestas legislativas.* II. LA REGULACIÓN INTERNACIONAL. *1. El marco de Naciones Unidas. 2. Regulación en el Consejo de Europa.* III. MARCO ÉTICO UNIVERSAL: LA RECOMENDACIÓN DE LA UNESCO. *1. Valores universales y principios éticos para la IA. 2. Ámbitos de actuación.* IV. POR EL BIEN DE LA HUMANIDAD.

La Inteligencia Artificial (IA) no sólo ha revolucionado la realidad social y personal, sino que ha obligado al mundo jurídico a asumir la necesidad de establecer cauces para su diseño, desarrollo y uso que permitan garantizar la dignidad y derechos de la persona[1]. La inacción en este campo, de vital importancia para la sociedad, no puede justificarse como un ejercicio de neutralidad, porque se estaría dejando libertad a quienes buscan únicamente su propio beneficio sin considerar el daño que pueda ocasionar a la sociedad, no sólo por parte del sector privado, en el que el objetivo de obtener réditos empresariales suele prevalecer sobre cualquier otro fin, sino

---

[1]   *Vid.* LLANO ALONSO, F. H. (ed.), *Inteligencia Artificial y Derecho. El jurista ante los retos de la era digital,* Aranzadi, Cizur Menor 2021; SOLAR CAYÓN, J. I. (ed.), *Dimensiones éticas y jurídicas de la Inteligencia Artificial en el marco del Estado de Derecho.* Univ. de Alcalá de Henares, 2020; ROBLES CARILLO, M.. «La gobernanza de la Inteligencia Artificial: contexto y parámetros generales», *REEI* 39 (2020), pp. 1-27.

también en el sector público, donde la tentación de controlar y moldear la sociedad a gusto de quien ostenta el poder es cada día más intensa.

Nadie pone en duda los grandes beneficios que ha traído consigo la IA porque son evidentes, pero también lo son los nuevos riesgos para los derechos humanos, como se aprecia, por ejemplo, en el campo de la seguridad ciudadana, de la administración de justicia[2], de la información y redes sociales[3], de la salud e integridad física y psíquica[4], de la educación, de los recursos humanos y financieros[5], etc., campos en los que los riesgos para la dignidad, la privacidad, la igualdad, la autonomía, la presunción de inocencia, etc., han disparado las alarmas sobre la necesidad de una regulación que permita evitar graves atentados contra la dignidad y los derechos humanos. El carácter transnacional de la IA exige que su regulación no se deje en manos únicamente de los Estados.

Hasta el momento contamos únicamente con un documento de carácter universal que tenga por objeto el establecimiento de líneas rojas para el

---

2. *Vid.* ALBERT MÁRQUEZ, M., «Posthumanismo, inteligencia artificial y Derecho», *Persona y Derecho* vol. 84 (2021/1), pp. 207-230; RODRÍGUEZ PUERTO, M. J., «¿Puede la Inteligencia Artificial interpretar normas jurídicas? Un problema de razón práctica», *CEFD* 44 (2021), pp. 74-96; SOLAR CAYÓN, J. I., «Inteligencia Artificial en la justicia penal: los sistemas algorítmicos de evaluación de riesgos», en SOLAR CAYÓN, J. I. (ed.), *Dimensiones éticas y jurídicas de la Inteligencia Artificial en el marco del Estado de Derecho*, cit., pp. 125-172; SAN MIGUEL CASO, C., «La aplicación de la Inteligencia Artificial en el proceso: ¿un nuevo reto para las garantías procesales?», *Ius et Scientia* vol. 7, núm. 1 (2021), pp. 286-303; DE ASÍS PULIDO, M., «La incidencia de las nuevas tecnologías en el derecho al debido proceso», *Ius et Scientia* vol. 6, núm. 2 (2020), pp. 186-199.
3. *Vid.* PELAYO GONZÁLEZ-TORRES, A., «TIC, Inteligencia Artificial y crisis de la democracia» y SÁNCHEZ MARTÍNEZ, M. O., «Desafíos democráticos en el ecosistema digital», ambos en SOLAR CAYÓN, J. I. (ed.), *Dimensiones éticas y jurídicas de la Inteligencia Artificial...*, cit., pp. 55-78 y 79-119 respectivamente; PETIT, M., «Por una crítica de la razón algorítmica. Estado de la cuestión sobre la inteligencia artificial, su influencia en la política y su regulación», *Quaderns del CAC* 44, vol. XXI (2018), pp. 5-15.
4. *Vid.* BLÁZQUEZ RUIZ, F. J., «Riesgos para la privacidad en la aplicación de la inteligencia artificial al ámbito biosanitario. Implicaciones éticas y legales», *Anales de la Cátedra Francisco Suárez* 56 (2022), pp. 245-268; ANDRÉS SEGOVIA, B., «El reinicio tecnológico de la Inteligencia Artificial en el servicio público de salud», *Ius et Scientia* vol. 7, núm. 1 (2021), pp. 327-356; GARCÍA SAN JOSÉ, D., «Implicaciones jurídicas y bioéticas de la Inteligencia Artificial (IA)», *Cuadernos de Derecho Transnacional* vol. 13, núm. 1 (2021), pp. 255-276; JUAN, G. R., «Inteligencia Artificial y Filosofía del Bioderecho: una tesis crítica y una propuesta ética», *Ius et Scientia* vol. 6, núm. 2 (2020), pp. 96-110.
5. *Vid.* ALONSO, A., CARBÓ, J. M., *Understanding the performance of machine learning models to predict credir default: a novel approach for supervisory evaluation*. Banco de España. Documento de Trabajo Núm. 2105, Madrid 2021.

diseño, creación y aplicación de sistemas de IA, la *Recomendación sobre la ética de la Inteligencia Artificial* aprobada por la UNESCO en noviembre de 2021[6]. No obstante, en el seno del Consejo de Europa se trabaja en la promoción de un convenio vinculante y la Unión Europea (UE) debate una serie de propuestas normativas aún en tramitación[7].

I. LA FUTURA REGULACIÓN EUROPEA DE LA IA[8]

Durante la última década, la UE ha sometido a un profundo debate el impacto de la IA sobre los derechos humanos[9], recogiéndose los resultados en los documentos del Grupo de Expertos de Alto Nivel sobre IA y en los Informes de la Comisión de Libertades Civiles, Justicia y Asuntos de Interior y de la Comisión de Asuntos Jurídicos, que han servido de base para las propuestas normativas del Parlamento y de la Comisión Europea[10]. Si bien en un principio la UE apostaba por establecer un marco ético que complementara la legislación, finalmente optó por proponer un marco legal innovador que regule explícitamente la IA.

1. PRIMERA ETAPA: EL MARCO ÉTICO

Las primeras iniciativas para reducir los riesgos de la IA sobre los derechos humanos se centraron en elaborar un marco de principios éticos que complementaran la escasa regulación existente. Dicho marco proporcionaría la guía para adaptar las normas nacionales, obligando también a los propios órganos de la UE a modificar la legislación europea vigente. Con el paso del tiempo se han ido añadiendo numerosos documentos que ponen

---

6. UNESCO, *Recomendación sobre la ética de la Inteligencia Artificial*. Adoptada el 23 de noviembre de 2021 por la Conferencia General de la UNESCO en su 41.ª reunión. UNESCO, París, 2022.

7. *Vid.* GARCÍA GARCÍA, S., «Una aproximación a la futura regulación de la inteligencia artificial en la Unión Europea», *Revista de Estudios Europeos*, vol. 79 (2022), pp. 304-323.

8. Este epígrafe se redactó poco antes de la aprobación del Reglamento UE de Inteligencia Artificial, de ahí que haga referencia a la futura regulación. El contenido no ha variado sustancialmente con la norma aprobada definitivamente.

9. Cf. MEGÍAS QUIRÓS, J. J., «Derechos humanos e Inteligencia Artificial», *Dikaiosyne* núm. 37 (2022), pp. 152-160.

10. *Vid.*, por ejemplo, Comunicación, de 25 de abril de 2018, Inteligencia artificial para Europa COM(2018) 237 final; Comunicación, de 7 de diciembre de 2018, Plan coordinado sobre la inteligencia artificial COM(2018) 795 final; Comunicación, de 8 de abril de 2019, Generar confianza en la inteligencia artificial centrada en el ser humano COM(2019) 168 final; Comunicación, de 19 de febrero de 2020, Una Estrategia Europea de Datos COM(2020) 66 final; Comunicación, de 19 de febrero de 2020, Configurar el futuro digital de Europa COM(2020) 67 final; Comunicación, de 21 de abril de 2021, Fomentar un planteamiento europeo en materia de inteligencia artificial COM(2021) 205 final, etc.

de relieve la necesidad de un marco legal, pero sin renunciar al marco ético complementario.

El primer texto del Parlamento Europeo con contenido ético significativo fue su propuesta de la *Carta sobre robótica*[11], que establecía el sometimiento de la IA a los principios éticos de beneficencia, no maleficencia, autonomía del usuario, justicia, respeto de derechos fundamentales, precaución, participación, transparencia, rendición de cuentas, seguridad, reversibilidad de la acción, privacidad, maximización de beneficios y minimización de daños[12]. En una resolución posterior instaba a la Comisión a revisar y adaptar la legislación europea a la nueva realidad desde una perspectiva ética, reiteraba los principios que deberían inspirar la legislación e insistía en la aprobación «de una carta ética de buenas prácticas para la IA»[13]. Sin embargo, en 2020 reconocía la insuficiencia del marco ético para la protección eficaz de los derechos fundamentales frente a la IA, en especial la privacidad, la autonomía y el normal desarrollo de una sociedad democráticaen el «ecosistema digital»[14], proponiendo la aprobación de un reglamento que obligara a todos los Estados[15]. Este cambio hacia la regulación se aprecia con claridad en posteriores resoluciones, a las que nos referiremos más adelante, en las que proponía los textos de dos Reglamentos, aunque sin renunciar a un marco ético complementario más comprometido con los derechos. También se aprecia en su resolución sobre la IA en el campo de la educación y la cultura y otra más reciente sobre la IA en la era digital, en la que no sólo recoge todos los docu-

---

11. Resolución, de 16 de febrero de 2017, con recomendaciones destinadas a la Comisión sobre normas de Derecho civil sobre robótica.

12. Consciente de la insuficiencia de las normas jurídicas, la Carta afirmaba que era «preciso un marco ético claro, estricto y eficiente que oriente el desarrollo, diseño, producción, uso y modificación de los robots» (n. 11), marco que «debe basarse en los principios de beneficencia, no maleficencia, autonomía y justicia, así como en los principios consagrados en la Carta de los Derechos Fundamentales de la Unión Europea, como la dignidad humana, la igualdad, la justicia y la equidad, la no discriminación, el consentimiento informado, la vida privada y familiar y la protección de datos, así como en otros principios y valores inherentes al Derecho de la Unión, como la no estigmatización, la transparencia, la autonomía, la responsabilidad individual, y la responsabilidad social» (n. 13).

13. Resolución, de 12 de febrero de 2019, *sobre una política industrial global europea en materia de inteligencia artificial y robótica* (2018/2088(INI)), n. 139. Los principios del marco ético ya apuntados eran recogidos de nuevo en n. 147.

14. Resolución de 20 de octubre de 2020, *sobre la Ley de servicios digitales y las cuestiones relacionadas con los derechos fundamentales* (2020/2022(INI)), n. 1.

15. Es necesario «un marco regulador operativo y plenamente armonizado en el ámbito de las tecnologías de IA; sugiere que dicho marco adopte la forma de un reglamento y no de una directiva». Resolución de 20 de octubre de 2020, *sobre los derechos de propiedad intelectual para el desarrollo de las tecnologías relativas a la inteligencia artificial* (2020/2015(INI)), n. 3.

mentos aprobados hasta el momento, sino que ofrece una síntesis de los beneficios y riesgos de la IA y de cómo afrontar con mejores normas los problemas de protección de los derechos[16].

La Comisión Europea siguió derroteros muy similares apostando por un marco ético con la aprobación del *Libro Blanco sobre la Inteligencia Artificial*[17], en el que se inclinaba por asentar las políticas sobre valores indiscutidos y promover el uso ético de la IA. A los requisitos esenciales de la IA ya contemplados en el marco legal europeo (solidez técnica y seguridad, gestión de la privacidad y de datos, no discriminación y equidad, bienestar social y medioambiental y rendición de cuentas) incorporaba otros como la transparencia, el seguimiento y la supervisión humana para proteger «la libertad de expresión, la libertad de reunión, la dignidad humana, la ausencia de discriminación por razón de sexo, raza u origen étnico, religión o credo, discapacidad, edad u orientación sexual, y, en su aplicación en determinados ámbitos, la protección de los datos personales y de la vida privada, el derecho a una tutela judicial efectiva y a un juicio justo, o la protección de los consumidores»[18]. En realidad, el Libro Blanco proponía un nuevo marco regulador que sometiera los sistemas de IA a requisitos legales obligatorios para su aprobación y uso cuando entrañaran un riesgo elevado para los derechos humanos.

---

16. *Vid.* Resolución del Parlamento Europeo, de 3 de mayo de 2022, *sobre la inteligencia artificial en la era digital* (2020/2266(INI)). La combinación de marcos ético y jurídico se aprecia especialmente en su Resolución de 20 de enero de 2021, *sobre inteligencia artificial: cuestiones de interpretación y de aplicación del Derecho internacional* en la medida en que la UE se ve afectada en los ámbitos de los usos civil y militar, así como de la autoridad del Estado fuera del ámbito de la justicia penal (2020/2013(INI)), la más exhaustiva en lo que se refiere a los principios éticos que deben inspirar la IA. *Vid.* también Resolución del Parlamento Europeo, de 19 de mayo de 2021, *sobre la inteligencia artificial en los sectores educativo, cultural y audiovisual* (2020/2017(INI)), en la que reitera que la IA «sea realmente un instrumento al servicio de las personas, el bien común y el interés general» (Observación General n. 1).

17. Comunicación, de 19 de febrero de 2020, *Libro Blanco sobre la inteligencia artificial: un enfoque europeo orientado a la excelencia y la confianza* COM(2020) 65 final.

18. *Libro Blanco sobre la IA*, cit., p. 13. También proponía, en aras de la seguridad jurídica, establecer la obligación de «supervisión humana como garantía, desde la fase de diseño y a lo largo de todo el ciclo de vida» de la IA, «obligaciones explícitas para los productores con relación a los riesgos para la salud mental de los usuarios», obligaciones relacionadas con «los riesgos derivados de los datos incorrectos en la fase de diseño, así como mecanismos para garantizar que la calidad de los datos se mantenga mientras se usen los productos y sistemas de IA», requisitos de transparencia para evitar la «opacidad de los sistemas basados en algoritmos», obligaciones relacionadas con «programas autónomos comercializados separadamente o descargados en un producto» tras su comercialización y obligaciones de «colaboración entre los agentes económicos de la cadena [de suministro] y los usuarios». *Libro Blanco sobre la IA*, cit., p. 19.

A pesar de su inclinación por una regulación legal común, la Comisión no ha dejado de destacar el papel que debe jugar el compromiso ético en todas las fases de la IA, desde el primer paso en su diseño hasta su implementación práctica en la vida real. Así se advierte en documentos posteriores, como la Revisión de 2021 del Plan Coordinado sobre la Inteligencia Artificial[19], en la que actualizaba todos los objetivos y compromisos ajustados a las exigencias éticas fijadas anteriormente respecto al respeto de los derechos fundamentales. También se advierte la apuesta por una IA ética en el *Programa Europa Digital*[20], Reglamento que recoge el programa de financiación en el terreno de las nuevas tecnologías hasta el año 2027 y cuyo segundo objetivo específico se centra en el desarrollo de la IA, exigiendo para su financiación el cumplimiento de todos los requisitos éticos contemplados en los documentos de la UE.

El documento más significativo en este sentido es la *Declaración Europea sobre los Derechos y Principios Digitales para la Década Digital*, propuesta en enero de 2022[21] y aprobada de forma conjunta por la Comisión, el Consejo y el Parlamento Europeo. Evidentemente, tiene un carácter declarativo, no vinculante, pero manifiesta la intención de que sirva no sólo a los órganos de la UE, sino de que influya en todos los agentes mundiales, públicos o privados, institucionales o individuales, para que los valores y derechos ya reconocidos sirvan como filtro catalizador de cualquier actividad relacionada con la IA por el bien de las personas y de la sociedad. Por ello, insiste en la necesidad de que la IA esté al servicio de la persona y no al revés, promueva la solidaridad entre todos los ciudadanos, permita la mejora de la educación y de las condiciones de trabajo, garantice mantener siempre el control de las decisiones personales y participar sin discriminación en las cuestiones públicas, etc., y todo ello en un marco que la haga segura y fiable por su compromiso con el respeto de los derechos[22].

---

19. Comunicación, de 21 de abril de 2021, de la Comisión al Parlamento Europeo, al Consejo, al Comité Económico y Social Europeo y al Comité de las Regiones, Fomentar un planteamiento europeo en materia de inteligencia artificial, COM(2021) 205 final y Anexos.

20. *Vid.* Reglamento (UE) 2021/694 del Parlamento Europeo y del Consejo de 29 de abril de 2021 por el que se establece el Programa Europa Digital y por el que se deroga la Decisión (UE) 2015/2240.

21. Comunicación de la Comisión al Parlamento Europeo, al Consejo, al Comité Económico y Social Europeo y al Comité de las Regiones, Formulación de una Declaración Europea sobre los Derechos y Principios Digitales para la Década Digital, COM(2022) 27 final, Bruselas, 26.01.2022.

22. *Vid.* Parlamento Europeo, Consejo y Comisión, Declaración Europea sobre los Derechos y Principios Digitales para la Década Digital, COM(2022) 28 final, Bruselas, 26.01.2022.

2. PROPUESTAS LEGISLATIVAS

Los crecientes riesgos derivados de la IA llevaron en 2020 al Parlamento Europeo a proponer a la Comisión la adaptación de la legislación europea mediante la aprobación de dos Reglamentos sobre la materia. El primero de ellos[23] debería regular el régimen de responsabilidad civil, objetiva y subjetiva, para que pudiera ser reclamado cualquier daño, material e inmaterial, originado por la aplicación de los sistemas de IA, incluyendo los derivados de «las violaciones de derechos importantes, jurídicamente protegidos, a la vida, la salud, la integridad física y la propiedad»[24]. La propuesta preveía un anexo que debería recoger los sistemas de alto riesgo y, por ello, sometidos a un régimen de responsabilidad objetiva, mientras que el resto seguirían sujetos a responsabilidad subjetiva[25]. Finalmente, la iniciativa se concretó a finales de 2022 en la propuesta de dos Directivas, no de un Reglamento, sobre responsabilidad en materia de IA[26]. No sólo ha desconcertado esta decisión a los expertos, sino que el contenido ha suscitado críticas por lo desacertado del enfoque[27].

En su segunda propuesta[28], el Parlamento proponía la aprobación del Reglamento que debería establecer el marco regulador de la IA con la conversión de principios éticos en obligaciones jurídicas, porque «los principios éticos comunes solo son eficaces cuando están también asentados en Derecho»[29] y porque las orientaciones éticas son un buen punto de partida, pero no garantizan que los desarrolladores, desplegadores y usuarios actúen de manera justa ni aseguran la protección eficaz de las personas[30]. Con este

---

23. Resolución, de 20 de octubre de 2020, *con recomendaciones destinadas a la Comisión sobre un régimen de responsabilidad civil en materia de inteligencia artificial* (2020/2014(INL)).
24. Resolución 2020/2014(INL), cit., n. 19. Sobre esta materia, *vid.* RAMÓN FERNÁNDEZ, F., «Robótica, inteligencia artificial y seguridad: ¿cómo encajar la responsabilidad civil?», *Diario La Ley* núm. 9365, Sección Doctrina (2019), pp. 1-13.
25. Resolución 2020/2014(INL), cit., Considerando 17 del texto de Reglamento propuesto.
26. Propuesta de Directiva del Parlamento Europeo y del Consejo sobre responsabilidad por los daños causados por productos defectuosos, COM(2022) 495 final y Propuesta de Directiva del Parlamento Europeo y del Consejo relativa a la adaptación de las normas de responsabilidad civil extracontractual a la inteligencia artificial (Directiva sobre responsabilidad en materia de IA), COM(2022) 496 final, Bruselas, 28.09. 2022.
27. *Vid.* NAVAS NAVARRO, S., «Régimen europeo en ciernes en materia de responsabilidad derivada de los sistemas de Inteligencia Artificial», *Revista CESCO de Derecho de Consumo* núm. 44 (2022), pp. 27-51. La autora lo atribuye probablemente a «un pulso entre la Comisión y el Parlamento en cuanto a quién regula y cómo se regula» (p. 29).
28. Resolución, de 20 de octubre de 2020, *con recomendaciones destinadas a la Comisión sobre un marco de los aspectos éticos de la inteligencia artificial, la robótica y las tecnologías conexas* (2020/2012(INL)).
29. Resolución 2020/2012(INL), cit., Considerando Y.
30. Resolución 2020/2012(INL), cit., Considerando Z.

marco legal debería lograrse, según la propuesta del Parlamento, el respeto de la dignidad humana, la autodeterminación de la persona, la prevención de daños, la equidad, la inclusión y transparencia, la eliminación de discriminación y sesgos, así como el servicio de la tecnología a la persona[31], y convertiría en obligación legal la seguridad, transparencia y rendición de cuentas de los sistemas, así como la evaluación previa de riesgo para los derechos de la persona, en conformidad con «todos los regímenes jurídicos aplicables, en particular el Derecho internacional humanitario y el Derecho internacional de los derechos humanos, y sea conforme a la legislación, los principios y los valores de la Unión»[32]. Una de sus aportaciones más importantes sería la concreción en un Anexo de sectores de *alto riesgo* para los derechos humanos, entre los que figuraban el empleo, la educación, la asistencia sanitaria, el transporte, la energía, la seguridad, la defensa, las finanzas y sector público (asilo, migración, control fronterizo, sistema judicial y servicios de seguridad social), recogiendo también como usos y fines de *alto riesgo* la contratación, la clasificación y evaluación de personas, la asignación de fondos públicos, la concesión de préstamos, el comercio, los tratamientos y procedimientos médicos, los procesos electorales y campañas políticas, las decisiones del sector público con impacto significativo y directo en los derechos, la conducción automatizada, la gestión del tráfico, los sistemas militares autónomos, la producción y distribución de energía, la gestión de residuos y el control de emisiones.

Esta segunda iniciativa de regulación, a diferencia de la primera, sí llegó a concretarse por la Comisión Europea en abril de 2021 con la propuesta de la originalmente llamada *Ley de Inteligencia Artificial*[33], que debería garantizar una IA fiable, la seguridad de las personas y el respeto de sus derechos

---

31. Cf. Resolución 2020/2012(INL), cit., n. 2. Insistirá en que la IA debe «adaptarse a las necesidades humanas, en consonancia con el principio según el cual su desarrollo, despliegue y uso deben estar siempre al servicio del ser humano y nunca al revés y deben tener por objeto aumentar el bienestar y la libertad individual, así como preservar la paz, prevenir los conflictos y reforzar la seguridad» (n. 10).

32. Resolución 2020/2012(INL), cit., n. 91. Ello implica la eliminación de sesgo y discriminación en los algoritmos, la garantía de la intimidad y protección de datos, la integridad física y psíquica, la libertad y autodeterminación personal, la libertad de conciencia y expresión, los derechos sociales y laborales, el derecho al medio ambiente, etc. Contempla la creación de una Autoridad europea y de autoridades nacionales encargadas de los controles y de la emisión de certificados de conformidad ética cuando los sistemas de IA cumplan con todas las exigencias.

33. Comisión Europea, Propuesta de Reglamento del Parlamento europeo y del Consejo por el que se establecen normas armonizadas en materia de Inteligencia Artificial (Ley de Inteligencia Artificial) y se modifican determinados Actos Legislativos de la Unión. COM(2021) 206 final. Bruselas, 21.04.2021 Una crítica interesante en ORTEGA, A., «Hacia un régimen europeo de control de la Inteligencia Artificial», *ARI* 52/2021, pp. 1-8. (Real Instituto Elcano).

fundamentales. La última versión de esta propuesta normativa, con numerosos cambios y llamada ahora *Reglamento de Inteligencia Artificial*, fue discutida en diciembre de 2022 en las deliberaciones del Consejo de la UE, que decidió continuar con su tramitación[34]. Al margen de las modificaciones en artículos concretos, la nueva redacción incluye un nuevo título (I BIS) dedicado a regular la IA de uso general y refuerza la concepción de la IA siempre al servicio de la humanidad y, sobre todo, ha venido a concretar lo que debe entenderse por sistema de IA, que en el primer borrador era tratado como un simple *software* más[35].

La propuesta parte de los riesgos evidentes que la IA supone para los derechos reconocidos en la Carta de Derechos Fundamentales de la UE[36], tales como el derecho a la dignidad humana (art. 1), el respeto de la vida privada y familiar y la protección de datos de carácter personal (arts. 7 y 8), la no discriminación (art. 21) y la igualdad entre hombres y mujeres (art. 23), la libertad de expresión (art. 11) y de reunión (art. 12), el derecho a la tutela judicial efectiva y a un juez imparcial, la presunción de inocencia y los derechos de la defensa (arts. 47 y 48), así como asegurar la promoción de derechos de determinados grupos, por ejemplo, las condiciones justas y equitativas del trabajador (art. 31), la protección del consumidor (art. 28), los derechos del niño (art. 24) y la integración de las personas con discapacidad (art. 26).

Siguiendo la línea inicial del Parlamento, se clasifican los sistemas de IA en atención al riesgo que generan, prohibiendo los sistemas de riesgo inaceptable[37] y exigiendo una serie de requisitos para los de alto riesgo. Entre los primeros figuran los sistemas de IA con alto potencial para manipular a la persona con técnicas subliminales o que aprovechen las debilidades de grupos vulnerables (menores, personas con discapacidad, etc.) para alterar

---

34. Versión definitiva del texto transaccional, publicada como Expediente Interinstitucional: 2021/0106(COD), Bruselas, 25 de noviembre de 2022, 14954/2 LIMITE. La citaremos en estas páginas simplemente como Propuesta de Reglamento de Inteligencia Artificial UE.

35. En el nuevo artículo 3 (1) define el sistema de IA como «un sistema concebido para funcionar con elementos de autonomía que, a partir de datos e información generados por máquinas o por seres humanos, infiere la manera de alcanzar una serie de objetivos, utilizando para ello estrategias de aprendizaje automático o estrategias basadas en la lógica y el conocimiento, y produce información de salida generada por el sistema, como contenidos (sistemas de inteligencia artificial generativa), predicciones, recomendaciones o decisiones, que influyen en los entornos con los que interactúa el sistema de IA».

36. Cf. Propuesta de Reglamento de Inteligencia Artificial UE, Considerando 13.

37. Art. 5 de la Propuesta de Reglamento de Inteligencia Artificial UE. Son contrarios a los valores de la Unión de respeto de la dignidad humana, libertad, igualdad, democracia y Estado de Derecho y de los derechos fundamentales que reconoce la UE, como

de manera sustancial su comportamiento, las que elaboren perfiles de personas físicas sin informarlas y sin consentimiento previo, otras prácticas de manipulación, explotación o calificación social con fines generales y, salvo excepciones, el uso de sistemas de identificación biométrica remota *en tiempo real* en espacios de acceso público con fines de aplicación de la ley por las autoridades públicas[38].

Para los sistemas de alto riesgo[39] para la salud, la seguridad o los derechos fundamentales ya citados, bien por sus componentes o por su finalidad, establece requisitos obligatorios en materia de datos, gobernanza, documentación, registro, transparencia, información a los usuarios, vigilancia humana, solidez, precisión y seguridad, cuyo cumplimiento deberá ser evaluado antes de su introducción y utilización en la vida real[40]. La propia propuesta normativa incluye los Anexos II y III en los que se especifican componentes o sistemas considerados de alto riesgo, a los que se podrán añadir otros en el futuro. Entre ellos figuran, además de los relacionados con la salud y los de identificación biométrica en general, los sistemas de gestión y funcionamiento del tráfico rodado y el suministro de agua, gas, calefacción y electricidad, cuyos posibles fallos o defectos podrían suponer un peligro a gran escala para la vida y la salud de las personas. También se incluyen los sistemas de IA que puedan perpetuar discriminaciones en la educación, la formación profesional y el entorno laboral u originar sesgos en el acceso a instituciones educativas, en la evaluación de las personas, en la gestión de trabajadores y acceso al empleo,

---

el derecho a la no discriminación, la protección de datos y la privacidad, y los derechos del niño. El nuevo art. 5 propuesto amplía al sector privado la prohibición de clasificar o calificar a los ciudadanos, e incorpora entre los grupos vulnerables a las personas que son vulnerables por su situación social o económica.

38. Lo prohíbe porque las manipulaciones subliminales pueden originar perjuicios físicos y psíquicos, las calificaciones sociales pueden dar origen a un trato discriminatorio y a la exclusión social y la identificación biométrica en tiempo real causaría la sensación de vigilancia constante que podría disuadir a las personas de ejercer su libertad de reunión y otros derechos fundamentales. Para la prohibición de identificación biométrica en tiempo real contempla tres excepciones, la búsqueda de personas desaparecidas y víctimas de un delito, determinadas amenazas para la vida o seguridad de los ciudadanos o amenazas terroristas y la detección, localización, identificación o enjuiciamiento de los autores o sospechosos de delitos susceptibles de penas superiores a tres años, debiendo obtenerse en estos casos la autorización judicial previa si es posible.

39. Arts. 6 a 15 de la Propuesta de Reglamento de Inteligencia Artificial UE. Los nuevos arts. 13 y 14 facilitan la cooperación entre proveedores y usuarios a fin de lograr una mayor claridad en la asignación de responsabilidades.

40. Arts. 16 a 29 y 52 de la Propuesta de Reglamento de Inteligencia Artificial UE. Se establecen obligaciones para proveedores, fabricantes, importadores, distribuidores y usuarios.

en las decisiones de promoción o rescisión de contratos, en la asignación de tareas y seguimiento de personas, etc. Por idénticas razones se incluyen los sistemas para evaluar la calificación crediticia o solvencia y los que adopten decisiones que establezcan prioridades de servicios de intervención (policía, médicos, bomberos, etc.) en situaciones críticas de emergencia. Por último, contempla también los sistemas empleados por las autoridades públicas para la aplicación de la ley que impliquen grave desequilibrio de poder y riesgo alto para los derechos del ciudadano, por ejemplo, en el campo de la administración de justicia, en la gestión de la migración, el asilo y control fronterizo, en los procesos democráticos, etcétera.

Para el resto de sistemas, de bajo o mínimo riesgo, se establece una serie de obligaciones de transparencia de los propios sistemas (por ejemplo, advertencia de que se interactúa con un sistema de IA[41], de que el sistema reconoce emociones o datos biométricos, etc.) y para los operadores de los mismos. En estos supuestos se insta a los proveedores de los sistemas a aprobar códigos de conducta con los que se comprometan voluntariamente a cumplir requisitos, bien los ya establecidos para los sistemas de alto riesgo u otros relativos «por ejemplo, a la sostenibilidad medioambiental, la accesibilidad para las personas con discapacidad, la participación de las partes interesadas en el diseño y el desarrollo de sistemas de IA, y la diversidad de los equipos de desarrollo»[42].

De momento, el Reglamento de IA sigue su tramitación y aún tardará en ser aprobado, pero no cabe duda de que supondrá, por su carácter vinculante, un paso de gigante en la protección de los derechos, aunque todavía necesita mejoras. Además, se advierte en el seno de la UE una tendencia a reforzar el carácter protector de la persona y sus derechos en el futuro Reglamento, como se aprecia en los sucesivos dictámenes emitidos hasta el momento por diversos órganos europeos, que han coincidido en exigir o proponer modificaciones del texto para asegurar el máximo respeto hacia los derechos fundamentales[43].

---

41.   Esta obligación se ha reforzado con la inclusión de un apartado 2 bis en el art. 52 que no figuraba en el texto original.
42.   Propuesta de Reglamento de Inteligencia Artificial UE, Considerando 81. El control de cumplimiento de la normativa estaría encomendado conjuntamente al futuro Comité Europeo de Inteligencia Artificial, que resulta fortalecido en el último texto, y a las autoridades independientes que deben ser creadas en cada Estado. Arts. 56 a 59 de la Propuesta de Reglamento de Inteligencia Artificial UE.
43.   *Vid.*, en este sentido, por ejemplo, Dictamen del Comité Económico y Social Europeo sobre la «Propuesta de Reglamento del Parlamento Europeo y del Consejo por el que se establecen normas armonizadas en materia de inteligencia artificial (Ley de Inteligencia Artificial) y se modifican determinados actos legislativos de la Unión»,

Por último, habría que destacar el interés de la UE en la futura convención sobre IA que se está discutiendo en el marco regional del Consejo de Europa, convención a la que nos referiremos más adelante. En noviembre de 2022 la UE decidió[44] participar en las negociaciones sobre esa futura Convención o Convenio, particularmente para «proteger la integridad del Derecho de la Unión y garantizar que se mantenga la coherencia entre las normas del Derecho internacional y del Derecho de la Unión»[45]. La capacidad negociadora se atribuye a la Comisión, que deberá seguir las recomendaciones del Grupo Telecomunicaciones y Sociedad de la Información integrado por expertos de la UE.

II. LA REGULACIÓN INTERNACIONAL

Alcanzar un acuerdo de regulación internacional en el marco de los derechos humanos no es sencillo. La mayor dificultad radica en el interés de los Estados por mantener el control dentro de sus territorios, resistiéndose a perder parte de su poder sobre los ciudadanos. Utilizan, bajo el paraguas de la seguridad nacional y el interés general, de aplicaciones IA en materia de videovigilancia, tratamiento de datos, restricciones de la información y de la opinión, etc., puestas continuamente en tela de juicio. Tarde o temprano llegaremos a una regulación transnacional centrada en la protección de los derechos humanos, pero hasta ahora sólo se ha mostrado un verdadero interés por ella en el ámbito del Consejo de Europa.

1. EL MARCO DE NACIONES UNIDAS

La posibilidad de alcanzar un acuerdo de regulación internacional universal en el marco de Naciones Unidas presenta ciertas dificultades. No es que no se haga nada en este sentido, sino que quienes tratan de promover iniciativas carecen de peso suficiente para vencer las reticencias visibles en el seno de la organización[46].

COM(2021) 206 final, aprobada el 22 de septiembre de 2021, y Dictamen del Comité Europeo de las Regiones – Enfoque europeo de la inteligencia artificial – Ley de inteligencia artificial, de 2 de diciembre de 2021.

44. Decisión (UE) 2022/2349 del Consejo, de 21 de noviembre de 2022, por la que se autoriza la apertura de negociaciones en nombre de la Unión Europea con vistas a un convenio del Consejo de Europa sobre inteligencia artificial, derechos humanos, democracia y Estado de Derecho.

45. Decisión (UE) 2022/2349 del Consejo, cit., Considerando (7).

46. *Vid.*, sobre algunas iniciativas, DRNAS DE CLÉMENT, Z., «Inteligencia artificial en el Derecho Internacional, Naciones Unidas y Unión Europea», *Revista de Estudios Jurídicos* (Universidad de Jaén) núm. 22 (2022), pp. 8-13.

Lo que se intuye, en realidad, es una dejadez por parte de los órganos que deberían tomar la iniciativa, que hasta el momento no han mostrado interés por promover un marco jurídico internacional vinculante. Así se puede apreciar en las últimas resoluciones de la Asamblea General[47] y del Consejo de Derechos Humanos[48] directamente relacionadas con la IA, que sólo se pronuncian por la adecuación de las legislaciones internas a las exigencias ya establecidas por el derecho internacional de los derechos humanos. Sólo se han manifestado con claridad en favor de un posible Instrumento internacional la UNESCO, cuya Recomendación analizaremos en el siguiente epígrafe, y la Secretaría General, cuyo Informe *Nuestra Agenda Común* proponía la posibilidad de acordar un *Pacto Digital Global* «con principios comunes que permitan lograr un futuro digital abierto, libre y seguro para todas las personas» que, entre otras cuestiones, «podría promover la regulación de la inteligencia artificial para asegurarse de que respete los valores globales comunes»[49].

El debate en el seno de Naciones Unidas sobre el modelo de regulación de la IA aún está abierto, con propuestas dispares sobre si ya existe un marco regulador suficiente o se precisa algo más, sobre si se debe acometer una regulación internacional o nacional y sobre si ésta debe ser legal o basta con un marco ético. Todo ello se refleja de forma clara en las opiniones del Alto Comisionado para los Derechos Humanos y de los relatores especiales al analizar la repercusión de la IA sobre los respectivos derechos humanos para los que recibieron su mandato especial.

Así, el *Relator Especial sobre la promoción y protección del derecho a la libertad de opinión y de expresión* se ha mostrado contrario a confiar la regulación de IA a la ética porque ésta sólo «ofrece un marco crítico para resolver problemas particulares en el campo de la IA», aunque admite que podría «ser un complemento importante de los compromisos de derechos humanos»[50]. También desconfía de las regulaciones nacionales por el alcance transnacional de la IA, aunque destaca la obligación de los Estados de velar por su

---

47. Resolución A/RES/75/176, El derecho a la privacidad en la era digital, de 16 de diciembre de 2020.

48. Resolución A/HRC/42/15, El derecho a la privacidad en la era digital, de 26 de septiembre de 2019, y Resolución A/HRC/48/4, El derecho a la privacidad en la era digital, de 7 de octubre de 2021.

49. Naciones Unidas, *Nuestra Agenda Común – Informe del Secretario General*. Naciones Unidas, Nueva York, 2021, pp. 63-64.

50. Cf. Informe A/HRC/73/348 del Relator Especial sobre la promoción y protección del derecho a la libertad de opinión y de expresión, «Promoción y protección del derecho a la libertad de opinión y de expresión», distribuido el 29 de agosto de 2018, nn. 46 y 48 respectivamente.

desarrollo y uso conforme a las normas de derechos humanos[51]. Lo llamativo es que, en lugar de promover o proponer un Instrumento internacional vinculante, se conforme finalmente con recomendar a los Estados «crear un marco normativo y legislativo propicio»[52], complementado con los principios éticos que «pueden ayudar facilitando la aplicación de principios de derechos humanos a situaciones determinadas de diseño, despliegue y ejecución de la IA»[53].

El *Relator Especial sobre el derecho a la privacidad*, reconociendo en su último informe que existen valores comunes universales, se inclina por una regulación en la que se complementen las exigencias éticas y jurídicas[54] y apuesta por una «una gobernanza ética y jurídica integral»[55] que tenga siempre presentes la ética y los derechos humanos para todo el ciclo vital de una IA centrada en la persona. En definitiva, se conforma con acomodar las legislaciones nacionales al Derecho internacional ya existente.

El *Relator Especial sobre los derechos de las personas con discapacidad*, al analizar la repercusión de las soluciones IA sobre los derechos de las personas con discapacidad, también se inclina por la regulación nacional de la IA, sin apreciar la necesidad de una regulación internacional especifica. No se pronuncia sobre la necesidad de desarrollar un marco ético, pero reconoce que ya existe y debe ser respetado, afirmando que esos «principios éticos de la inteligencia artificial reconocen que los seres humanos individuales son fines en sí mismos y no deben ser instrumentalizados para los fines de otros»[56].

La *Relatora Especial sobre las formas contemporáneas de racismo*, preocupada por la frecuente vulneración de derechos mediante el uso de IA en el control de fronteras y en la vigilancia y seguimiento de los migrantes, advertía sobre «la importancia de respetar las obligaciones jurídicas internacionales existentes en materia de derechos humanos en la regulación del diseño y el uso de estas tecnologías»[57], que deberían reflejarse en una regulación interna

---

51. Cf. Informe A/73/348, cit., nn. 44-45.
52. Informe A/73/348, cit., n. 64.
53. Informe A/73/348, cit., n. 65.
54. Informe A/HRC/46/37, del Relator Especial sobre el derecho a la privacidad, «La inteligencia artificial y la privacidad, así como la privacidad de los niños», distribuido el 25 de enero de 2021, n. 8.
55. Informe A/HRC/46/37, cit., n. 26.
56. Informe A/HRC/49/52, del Relator Especial sobre los derechos de las personas con discapacidad, «Derechos de las personas con discapacidad», distribuido el 28 de diciembre de 2021, n. 43.
57. Informe A/HRC/48/76 de la Relatora Especial sobre las formas contemporáneas de racismo, discriminación racial, xenofobia y formas conexas de intolerancia,

que garantice una IA sometida a «obligaciones legales vinculantes (...) en el diseño y el uso»[58].

Por su parte, la Oficina del *Alto Comisionado de las Naciones Unidas para los Derechos Humanos* ha elaborado dos informes relacionados con el derecho a la privacidad y la IA. En el primero recomendaba a los Estados crear «un marco jurídico y normativo apropiado, en particular leyes y reglamentos adecuados sobre protección de la privacidad»[59] que respete el marco internacional de los derechos humanos. En el segundo instaba de nuevo a regular la IA para que respete en todo momento los derechos humanos[60], prohibiendo su uso cuando sea incompatible con éstos o la sometan a requisitos legales más estrictos «cuanto mayor sea el riesgo para los derechos humanos»[61]. Ninguno de los informes hace referencia a la ética, confiándolo todo a los marcos legales estatales y al marco internacional de derechos humanos ya existente.

Lo cierto es que hasta ahora contamos únicamente con la Recomendación de la UNESCO, de evidente valor por marcar el camino común hacia la protección universal de la dignidad y los derechos humanos, pero que, por su carácter ético y no vinculante, deja gran margen de acción a los Estados.

2. REGULACIÓN EN EL CONSEJO DE EUROPA

El riesgo que entraña la IA para los derechos humanos ha sido una de las cuestiones principales para los órganos y comités del Consejo de Europa desde que la Comisaria para los derechos humanos pusiera en ella el foco de atención en 2018[62], año en que se produjeron dos iniciativas importantes. La primera fue la aprobación por la Comisión Europea para la Eficacia de

---

«Discriminación racial y xenófoba y uso de tecnologías digitales en el control de fronteras e inmigración», distribuido el 17 de diciembre de 2021, n. 62, b). Insiste en esta idea en n. 62, c).

58. Informe A/HRC/48/76, cit., n. 62, d).

59. Informe A/HRC/39/29 del Alto Comisionado de las Naciones Unidas para los Derechos Humanos, El derecho a la privacidad en la era digital, distribuido el 3 de agosto de 2018, n. 58.

60. Cf. Informe A/HRC/48/31 de la Alta Comisionada de las Naciones Unidas para los Derechos Humanos, El derecho a la privacidad en la era digital, distribuido el 13 de septiembre de 2021, n. 37.

61. Informe A/HRC/48/31, cit., n. 45.

62. Tras su comentario «*Safeguarding human rights in the era of artificial intelligence (2018)*» en la web oficial, su oficina publicó la Recomendación *Unboxing Artificial Intelligence: 10 steps to protect Human Rights*. Ediciones del Consejo de Europa, mayo de 2019, complementada con la reciente publicación *Human Rights by desing, future-proofing human Rights protection in the era of AI*, Consejo de Europa, mayo de 2023.

la Justicia (CEPEJ) de la *Carta ética europea sobre el uso de la inteligencia artificial en los sistemas judiciales y su entorno*[63], en la que se recogían principios esenciales para el uso ético de la IA en los sistemas judiciales. La segunda fue la modificación del Convenio N.º 108, desde entonces Convenio 108+, para proteger de modo más efectivo frente al tratamiento de datos personales por sistemas de IA[64].

Desde entonces, el trabajo en los distintos comités ha sido intenso y prolífico[65]. El Comité Europeo para la Cohesión Social aprobó en 2021 la *Declaration on the risks of computer-assisted or artificial-intelligence-enabled decision making in the field of the social safety net* y estudia en la actualidad la aplicación de la IA en el ámbito de los derechos sociales. El Comité Europeo sobre Democracia y Gobernanza publicó en 2021 el *Study on the impact of the digital transformation, including artificial intelligence and automated decision-making, on democracy and good governance* y continúa estudiando los riesgos del uso de la IA en la toma de decisiones automatizadas en el sector público, con el encargo de elaborar un manual sobre su uso en la administración pública. El Departamento de Educación realizó la encuesta *Estado de la inteligencia artificial y de la educación en los Estados miembros del Consejo de Europa*, cuyos resultados fueron debatidos en la conferencia de trabajo de octubre de 2022 y recogidos ese mismo año en los documentos *Report on Artificial Intelligence and Education – A critical view through the lens of human rights, democracy and the rule of law* y *Report of the Working Conference on Artificial Intelligence and Education*. La Comisión de Venecia dedicó al tema *Inteligencia artificial e integridad electoral* su última Conferencia Europea de Organismos de Gestión Electoral (19ª, 2022), publicando sus conclusiones ese mismo año. En la actualidad, el Comité Europeo de Cooperación Jurídica (CDCJ), encargado de afrontar los retos derivados del uso de la IA en los ámbitos del derecho público y privado, trabaja en la actualización de su manual *The Administration and You – Principles of administrative law concerning relations between individuals and public authorities* para incluir aspectos relacionados con la toma de decisiones automatizadas de la IA. El Comité

---

63. CEPEJ, *European ethical Charter on the use of Artificial Intelligence in judicial systems and their environment*. Adoptada en la 31.ª sesión plenaria, Estrasburgo, 3-4 de diciembre de 2018. La Carta fue revisada tres años más tarde, *vid.* Revised roadmap for ensuring an appropriate follow-up of the CEPEJ Ethical Charter on the use of artificial intelligence in judicial systems and their environment. Adoptada en la 37.ª sesión plenaria, Estrasburgo, 8-9 de diciembre de 2021. La CEPEJ creó en 2022 el Comité Asesor sobre Inteligencia Artificial (AIAB) para controlar la implementación de aplicaciones de IA en el sector de la justicia.

64. Convenio 108+, Convention for the protection of individuals with regard to the processing of personal data, Consejo de Europa, Estrasburgo, junio de 2018.

65. *Vid.* Consejo de Europa, *El Consejo de Europa y la Inteligencia Artificial*, Publicaciones del Consejo de Europa, Estrasburgo, mayo de 2023.

Directivo de Derechos Humanos en los Ámbitos de la Biomedicina y la Salud (CDBIO) trabaja en un informe sobre la aplicación de la IA en el ámbito de la atención de salud y sobre su impacto en la relación médico-paciente. El Comité Directivo sobre Medios de Comunicación y Sociedad de la Información (CDMS) prepara las directrices sobre la lucha contra la desinformación en línea y sobre la utilización de la IA en el sector de la información. Y la Comisión de Igualdad de Género (GEC) y el Comité Directivo sobre la Lucha contra la Discriminación, la Diversidad y la Inclusión (CDADI) estudian el impacto de los sistemas de IA sobre la igualdad y la eliminación de los sesgos discriminatorios.

Pero, sin duda, los avances más importantes han venido de la mano de la Asamblea Parlamentaria, del Comité de Ministros y del Comité de Inteligencia Artificial (CAI). La Asamblea Parlamentaria apuntó en 2020 la necesidad de crear un marco normativo para la IA, con principios específicos basados en la protección de los derechos humanos, la democracia y el Estado de derecho. Así lo plasmó en una serie de Resoluciones y Recomendaciones aprobadas el 22 de octubre de 2020, entre las que cabe destacar Resolución 2341(2020) y Recomendación 2181(2020) *The need for democratic governance of artificial intelligence*[66]; Resolución 2343(2020) y Recomendación 2183(2020) *Preventing discrimination caused by the use of artificial intelligence*; Resolución 2342(2020) y Recomendación 2182(2020) *Justice by algorithm – the role of artificial intelligence in policing and criminal justice systems*; Recomendación 2185(2020) *Artificial intelligence in health care: medical, legal and ethical challenges ahead*; Resolución 2345(2020) y Recomendación 2186(2020) *Artificial intelligence and labour markets: friend or foe?*; Resolución 2346(2020) y Recomendación 2187(2020) *Legal aspects of «autonomous» vehicles*; y Resolución 2344(2020) y Recomendación 2184(2020) *The brain-computer interface: new rights of new threats to fundamental freedoms?* Todas ellas dejaban constancia de la preocupación de la Asamblea por los nuevos riesgos para los derechos humanos derivados de la creación y aplicación de sistemas de IA.

Ese mismo año, el Comité de Ministros había aprobado una Recomendación sobre el impacto de los sistemas algorítmicos en los derechos humanos[67], en la que no sólo ofrecía directrices generales para asegurar los derechos humanos en el diseño, desarrollo e implementación de modelos de IA, sino que instaba a los Estados miembros a desarrollar sus marcos legislativos, reglamentarios y de supervisión para asegurar los derechos humanos,

---

66. En el n. 4.1 de la Recomendación 2181 instaba al Comité de Ministros a promover una Convención vinculante para todos los Estados en materia de IA.
67. *Vid.* Recomendación CM/Rec(2020)1 del Comité de Ministros a los Estados miembros sobre el impacto de los sistemas algorítmicos sobre los derechos humanos, de 8 de abril de 2020.

otorgando un papel importante al principio de precaución en todo lo relacionado con la IA. La implicación del Comité en la orientación de la regulación de la IA se tradujo en la aprobación de nuevos documentos[68], pero el paso más importante fue, sin duda, la creación en 2021 del *Comité sobre Inteligencia Artificial* (CAI)[69], al que encomendó la elaboración de un Convenio sobre el desarrollo, diseño y aplicación de la IA como instrumento jurídicamente vinculante para todos los Estados miembros y basado en las normas del Consejo de Europa sobre los derechos humanos, la democracia y el Estado de derecho[70].

Tras casi dos años de trabajo, la presidencia del CAI hizo público en enero de 2023 el «borrador cero» del futuro convenio marco sobre inteligencia artificial, derechos humanos, democracia y Estado de Derecho[71]. Desde los primeros artículos se establece que todo el ciclo vital del sistema de IA[72], diseño, desarrollo y puesta en servicio, deberá respetar los principios, normas y derechos ya reconocidos por el Consejo de Europa a fin de garantizar el respeto pleno de los derechos humanos, el funcionamiento de la democracia y del Estado de Derecho, instando a los Estados a adaptar su propia legislación a las exigencias del Convenio[73].

Los Principios fundamentales que deben informar todo el ciclo vital de los sistemas de IA son el de salvaguarda de la libertad individual, dignidad humana y autonomía (art. 9), de participación en los debates públicos y procesos democráticos (art. 10), de cuidado de la salud y medio ambiente (art. 11), de igualdad y no discriminación (art. 12), de privacidad y protección de datos de carácter personal (art. 13), de rendición de cuentas y responsabilidad jurídica por los daños que puedan derivar sobre los derechos y libertades fundamentales (art. 14), de transparencia y supervisión (art. 15),

---

68. Por ejemplo, la Declaración Decl(17/03/2021)2 del Comité de Ministros sobre los riesgos de las decisiones adoptadas con asistencia de ordenadores o inteligencia artificial en el campo de la red de seguridad social, de 17 de marzo de 2021.
69. Sustituía al ya existente Comité ad hoc sobre Inteligencia Artificial (CAHAI), que había venido trabajando en este campo desde 2019. *Vid.*, por ejemplo, *Towards regulation of AI systems. Global perspectives on the development of a legal framework on Artificial Intelligence (AI) systems based on the Council of Europe's standards on human rights, democracy and the rule of law.* Compilación de Contribuciones DGI (2020)16 preparada por la Secretaría del CAHAI, diciembre de 2020.
70. *Vid.* Resolución CM/Res(2021)3 sobre comités intergubernamentales y órganos subordinados, de 21 de mayo de 2021.
71. CAI, *Revised Zero Draft [Framework] Convention on Artificial Intelligence, Human Rights, Demoocracy and the Rule of Law.* CAI(2023)01, Estrasburgo, 6 de enero de 2023.
72. La definición que ofrece de «sistema de IA» en el artículo 2 está en la línea del futuro Reglamento sobre IA de la UE, superando su simple equiparación con un software.
73. Deja al margen de estas exigencias los sistemas de inteligencia artificial utilizados para fines relacionados con la defensa nacional.

de seguridad, en particular sobre los datos (art. 16), de innovación segura bajo la supervisión de autoridades competentes (art. 17), así como la necesidad de someter a debate público y consulta los pasos a dar en las innovaciones, a fin de controlar las repercusiones sociales, económicas, éticas y jurídicas (art. 18).

El Convenio prevé en los arts. 19 a 23 la adopción de medidas eficaces para la reparación de daños o perjuicios sobre los derechos humanos y las libertades fundamentales mediante el establecimiento de mecanismos que obliguen al registro de los usos de los sistemas de IA, facilitando a los usuarios información suficiente para reclamar sobre los efectos de las decisiones del sistema que afecten a los derechos y libertades, así como concretar las vías para recurrirlas. Los arts. 24 a 26 están dedicados a la prevención y mitigación de los riesgos e impactos adversos derivados de la aplicación de IA sobre los derechos humanos, el funcionamiento de la democracia y del Estado de Derecho.

El resto del articulado son de contenido general sobre supervisión y cooperación en el desarrollo de la IA y su regulación desde una perspectiva siempre respetuosa con la dignidad y derechos de la persona y con el buen desarrollo de una sociedad democrática. Aún es pronto para realizar conjeturas sobre el texto y desconocemos las conclusiones de la última sesión plenaria del CAI, celebrada a finales de abril de 2023.

III. MARCO ÉTICO UNIVERSAL: LA RECOMENDACIÓN DE LA UNESCO

Tras dos años de trabajo y diálogo, en noviembre de 2021 llegó a la Conferencia General de la UNESCO el Proyecto de recomendación sobre la ética de la IA para su discusión definitiva. Examinado a lo largo de las sesiones tercera y cuarta, el texto, con alguna modificación, fue aprobado como *Recomendación sobre la Ética de la Inteligencia Artificial*[74], reconociendo, como recoge el acta de la reunión, que «podría constituir una herramienta fundamental para fomentar la elaboración de leyes, políticas y estrategias nacionales e internacionales en el ámbito de la IA y reforzar su aplicación, así como para potenciar la cooperación internacional en torno al desarrollo y el uso éticos de la IA en apoyo de los Objetivos de Desarrollo Sostenible (ODS)»[75]. El acta de la sesión recogía, en su número 3, la recomendación de

---

74. UNESCO, *Recomendación sobre la ética de la Inteligencia Artificial*. Adoptada el 23 de noviembre de 2021 por la Conferencia General de la UNESCO, reunida en París del 9 al 24 de noviembre de 2021, en su 41.ª reunión. UNESCO, París, 2022.

75. Discusión del punto 8.2 «Proyecto de recomendación sobre la ética de la inteligencia artificial», aprobado y recogido en el Anexo del Documento 41 C/23.

la aplicación voluntaria de sus disposiciones mediante la adopción de las medidas necesarias por cada Estado, en especial de carácter legislativo conforme a sus respectivas Constituciones. Es decir, la Recomendación se formula y aprueba como marco ético universal, pero con una vocación clara de convertirse en punto de referencia para que sus disposiciones sean recogidas posteriormente en las legislaciones nacionales. Es el primer documento de carácter universal sobre IA basado «en el derecho internacional y en un enfoque normativo mundial y centrado en la dignidad humana y los derechos humanos, así como en la igualdad de género, la justicia social y económica, el bienestar físico y mental, la diversidad, la interconexión, la inclusión y la protección del medio ambiente»[76]. Así, pues, el modelo por el que opta es el de establecer principios éticos universales que sirvan de base para la regulación legal de la IA en los 193 Estados que alcanzaron el consenso, a pesar de las diferencias que pudieran existir entre los ordenamientos jurídicos más proteccionistas de los derechos personales y los más tolerantes en la explotación de la IA.

El modelo parece adecuado para, desde unos principios éticos bien definidos, adaptar los deberes a la cambiante realidad de la IA y salvar los vacíos de la regulación legal, que, por estar sometida a requisitos formales más estrictos para su modificación, adolecería de constantes lagunas que se aprovecharían para hacer un uso abusivo e impune de la IA[77]. Este marco constituye únicamente el primer paso, instando la Recomendación a los Estados a seguirlo para elaborar un marco legal propio que ofrezca seguridad jurídica, sin que ninguna de sus disposiciones pueda ser interpretada como una autorización a realizar actividades que vulneren «los derechos humanos, las libertades fundamentales, la dignidad humana y el respeto del medio ambiente»[78].

El texto pone al descubierto la fragilidad del marco ético al admitir la «diversidad de orientaciones éticas y culturas en todo el mundo» y «valores éticos locales y regionales»[79], de ahí el propósito de «aportar un instrumento

---

76. *Recomendación...*, cit., Preámbulo, p. 5. Reitera de forma constante que toda regulación de la AI debe respetar la dignidad, los derechos humanos y las libertades fundamentales de todo ser humano.

77. Entre las razones por las que se opta por un marco ético y no una regulación más detallada está el carácter dinámico e innovador de la IA, con un desarrollo en ocasiones absolutamente impredecible, de modo que cualquier norma detallista corre el riesgo de quedar obsoleta en un corto plazo. A ello se añade la dificultad de regular sistemas con capacidad de autoaprendizaje que los convierte en imprevisibles y hace casi imposible una regulación completa.

78. *Recomendación...*, cit., n. 141.

79. *Recomendación...*, cit., Preámbulo, p. 7.

normativo aceptado mundialmente»[80]. Si bien descarta la imposición de exigencias éticas objetivas y se conforma con exigencias negociadas para salvar las diferencias culturales, aclara, sin embargo, que «todos los valores y principios» propuestos «son deseables en sí mismos»[81], aunque precisen ser contextualizados para su correcta aplicación.

Aclarado lo anterior, la Recomendación expone sus objetivos, que son: a) proporcionar un marco universal de valores, principios y acciones que oriente en la formulación de las leyes y políticas nacionales; b) orientar a todos los agentes para asegurar la perspectiva ética en todas las etapas de los sistemas de IA; c) promover el respeto de la dignidad humana y la igualdad de género, salvaguardar los intereses de las generaciones presentes y futuras y proteger los derechos humanos, las libertades fundamentales y el medio ambiente; d) fomentar el diálogo multidisciplinar y plural sobre cuestiones éticas de la IA; y e) promover el acceso equitativo a los avances y beneficios de la IA[82].

1. VALORES UNIVERSALES Y PRINCIPIOS ÉTICOS PARA LA IA

Como afirma M. ALBERT, nos encontramos con dos problemas esenciales en relación a los valores que deben orientar el diseño y aplicación de la IA: «el primero es de naturaleza técnica, y tiene que ver con cómo podríamos lograr el objetivo de construir una inteligencia artificial que compartiera nuestras prioridades y fuera sensible a nuestros valores e inquietudes. El segundo posee, en cambio, naturaleza normativa, ¿qué valores deberíamos enseñar a las máquinas?»[83]. Los dos son difíciles de resolver, en particular el primero, porque resulta complicado cuando las máquinas tienen capacidad de autoaprendizaje. Sobre el segundo, el acuerdo alcanzado en el seno de la UNESCO vino a resolver, en parte al menos, el punto de partida sobre los valores que deben regir en el campo de la IA.

La Recomendación escalona valores, principios y exigencias particulares para el terreno práctico. Los valores vendrían a ser los ideales inspiradores de toda regulación de los sistemas de IA, mientras que los principios constituirían una primera concretización de dichos valores en exigencias éticas universales. En el tercer escalón, bajo la rúbrica «Ámbitos de acción política», figura otra serie de exigencias éticas más concretas agrupadas en diez ámbitos de actuación, entre las que sitúa en primer lugar la obligación

---

80. *Recomendación...*, cit., n. 6.
81. *Recomendación...*, cit., n. 11.
82. *Recomendación...*, cit., n. 8.
83. ALBERT MÁRQUEZ, M., «Posthumanismo, inteligencia artificial y Derecho», cit., p. 215.

de establecer un marco legal interno adecuado y promocionar el respeto del mismo [84].

Los valores propuestos son cuatro. En primer lugar, el *respeto, protección y promoción de la dignidad humana, los derechos humanos y las libertades fundamentales*. La aplicación de la IA no sólo debe respetar la dignidad y derechos universales de todo ser humano, sino también, en la medida de lo posible, promocionarlos sin dar cabida a discriminación alguna por razón de sexo, género, idioma, religión, opiniones políticas o de otra índole, origen nacional, étnico, indígena o social, orientación sexual e identidad de género, bienes, nacimiento, discapacidad, edad u otra condición [85]. Coincide, por tanto, con los planteamientos de la UE de que la IA debe estar siempre al servicio de la humanidad, no para lograr fines a costa de ella. Este primer valor se complementa con el de *diversidad e inclusión*, que se concreta en descartar el uso de la IA para *homogeneizar* o *uniformar* a los seres humanos e impedir el desarrollo personal de acuerdo con lo que nos diferencia a unos de otros en el «estilo de vida, creencias, opiniones, expresiones o experiencias personales» [86].

Los otros dos valores son el de *prosperidad del medio ambiente y los ecosistemas*, que exige la orientación de la IA hacia el desarrollo sostenible, y el de *vivir en armonía y paz*, que exige contribuir «a la interconexión de todas las criaturas vivas entre sí y con el medio natural» [87], sin «segregar ni cosificar a los seres humanos ni socavar su seguridad, así como tampoco dividir y enfrentar entre sí a las personas y los grupos ni amenazar la coexistencia armoniosa entre los seres humanos, los no humanos y el medio natural» [88].

Junto a los valores, la Recomendación contempla principios éticos que deben orientar las regulaciones nacionales de la IA y, mientras se lleva a cabo esta labor, servir de criterios de actuación a todos los actores. El primero de ellos es el de *proporcionalidad e inocuidad*. Partiendo de que no toda innovación tecnológica supone en sí misma un avance para la humanidad [89], considera relevante la finalidad y el uso que se haga de la IA. Este principio exige evitar, desde el propio diseño, cualquier daño que pueda

---

84. *Recomendación...*, cit., n. 48.
85. *Recomendación...*, cit., n. 13. «Las personas nunca deberían ser cosificadas, no debería socavarse su dignidad, y sus derechos humanos nunca deberían ser objeto de violación o abusos» (n. 15).
86. *Recomendación...*, cit., n. 20.
87. *Recomendación...*, cit., n. 22.
88. *Recomendación...*, cit., n. 24.
89. *Vid.* al respecto GONZÁLEZ ARENCIBIA, M., MARTÍNEZ CARDERO, D., «Dilemas éticos en el escenario de la Inteligencia Artificial», *Economía y Sociedad* vol. 25, núm. 57 (2020), pp. 1-17.

derivar del uso de la IA, lo que implicaría no sólo que la finalidad perseguida sea legítima, sino que también lo sean los medios utilizados por la IA para alcanzarla (proporcionados al resultado perseguido, ajustados a los valores reseñados, rigurosos científicamente y siempre bajo control humano)[90].

El principio de *seguridad y protección* exige que todo sistema de IA esté diseñado de forma que su funcionamiento impida el riesgo de brechas en la seguridad y protección del ser humano y del entorno natural, en particular en lo referente al acceso a datos de calidad y su tratamiento[91]. Se complementa con el principio de *privacidad,* uno de los más importantes dada la relevancia de los datos de carácter personal para la tecnología IA, lo que exige que el marco jurídico interno proteja eficazmente frente a la recopilación, tratamiento y uso ilícito de los datos, así como que garantice los derechos conexos que permiten el control de los datos por su titular[92]. Sitúa al mismo nivel la exigencia ética que afecta a diseñadores, creadores y entrenadores de los sistemas de IA, que deberán evaluar el impacto de los algoritmos sobre la privacidad y adoptar cautelas para impedir intromisiones ilegítimas.

Otro principio de gran importancia es el de *equidad y no discriminación.* Conlleva la obligación de hacer partícipe a toda la humanidad de los beneficios de la IA según las necesidades singulares de poblaciones desfavorecidas, marginadas y vulnerables[93] y la obligación de impedir todo sesgo discriminatorio por razón de edad, cultura, usos lingüísticos, discapacidad,

---

90. Para su efectividad, deberán aplicarse «procedimientos de evaluación de riesgos y la adopción de medidas para impedir que se produzca ese daño». *Recomendación...*, cit., n. 25.

91. *Recomendación...*, cit., n. 27. *Vid.* TÉLLEZ CARBAJAL, E., «Derechos humanos, ética y transparencia algorítmica», *Ius et Scientia* vol. 7, núm. 1 (2021), pp. 370-386.

92. «Estos mecanismos (...) se refieren (...) al ejercicio de derechos por parte de los interesados, así como al derecho de las personas a que se eliminen sus datos personales, garantizando así un objetivo legítimo y una base jurídica válida para el tratamiento (...), la transparencia, las salvaguardias adecuadas para los datos sensibles y una supervisión independiente eficaz». *Recomendación...*, cit., n. 33. También el último principio propuesto, el principio de *gobernanza y colaboración adaptativas y de múltiples partes interesadas,* concreta la exigencia de respetar no sólo la regulación establecida por el derecho internacional para la recopilación, tratamiento y uso de datos personales, sino también la regulación interna de cada Estado para los datos generados en sus territorios. *Recomendación...*, cit., n. 46.

93. *Recomendación...*, cit., n. 28. Se exige a los países más desarrollados tecnológicamente que compartan sus innovaciones y beneficios con los menos avanzados y «contribuyan a un orden mundial más equitativo en lo que respecta a la información, la comunicación, la cultura, la educación, la investigación y la estabilidad socioeconómica y política» (ibídem).

etc., en los que puedan incurrir los algoritmos de los sistemas de IA por reproducción de sesgos ya existentes en la realidad social o por la creación de nuevos sesgos discriminatorios.

Del principio de *supervisión y decisión humanas* deriva la obligación de las autoridades de velar de forma eficaz por el diseño, desarrollo y uso ético de los sistemas de IA, asegurar que toda decisión final del sistema esté bajo control humano y que siempre sea una persona, física o jurídica, la obligada a rendir cuentas y asumir la responsabilidad de las consecuencias[94]. Guarda estrecha relación con el principio de *responsabilidad y rendición de cuentas*, que se concreta en la obligación de todos los actores de la IA de actuar con responsabilidad en todas sus etapas (desde el diseño hasta su aplicación final) y rendir cuentas de los procesos y resultados (decisiones y acciones)[95].

Por último, el principio de *transparencia y explicabilidad*, supuesto el derecho «a saber cuándo se toma una decisión sobre la base de algoritmos de IA», se concreta en la obligación de ofrecer información precisa sobre el uso, funcionamiento, fines y resultados del sistema de IA para poder ejercer un control eficaz. La explicabilidad exige hacer comprensibles el funcionamiento de los algoritmos, los procedimientos seguidos por el sistema y los resultados finales, permitiendo así llevar a cabo la trazabilidad de todo el proceso[96]. En especial, resulta obligado informar de forma comprensible a los ciudadanos sobre el impacto que los sistemas de IA tienen sobre sus derechos fundamentales.

Por último, en relación al medio ambiente (incluido el ser humano), el principio de *sostenibilidad* exige una «evaluación continua de los efectos sociales, culturales, económicos y ambientales de las tecnologías de la IA»[97], que deberán ajustarse siempre a los Objetivos de Desarrollo Sostenible.

---

94. *Recomendación...*, cit., nn. 35-36.
95. *Recomendación...*, cit., n. 43. Exigiría el establecimiento de mecanismos de auditoría y trazabilidad que permitan comprobar si el sistema IA atenta o no contra los derechos humanos y determinar, en su caso, la responsabilidad. *Vid.* TERRONES RODRÍGUEZ, A. L., «Inteligencia Artificial y ética de la responsabilidad», *Cuestiones de Filosofía* vol. 4, núm. 22 (2018), pp. 141-170.
96. *Recomendación...*, cit., n. 38. El cumplimiento de estas exigencias permitirá evaluar la fiabilidad de la IA y el control de su incidencia sobre los derechos humanos. Se complementa con el principio de *sensibilización y alfabetización*, que impone a todos los actores, públicos y privados, la exigencia «de garantizar una participación pública efectiva, de modo que todos los miembros de la sociedad puedan adoptar decisiones informadas sobre la utilización de los sistemas de IA y estén protegidos de influencias indebidas». *Recomendación...*, cit., n. 44.
97. *Recomendación...*, cit., n. 31.

2. ÁMBITOS DE ACTUACIÓN

El último bloque de la Recomendación concreta otras exigencias éticas que las futuras legislaciones internas deberían recoger como obligaciones legales en ciertos ámbitos de actuación. Así, en relación a la *evaluación del impacto ético* de los sistemas de IA, toda regulación debería establecer un modelo de evaluación para determinar los riesgos, beneficios e impacto sobre los derechos humanos y el Estado de Derecho, así como medidas de prevención, atenuación y seguimiento de los riesgos. Entre los estándares fijados por el modelo de evaluación deben figurar: a) mecanismos de supervisión para determinar, prevenir y mitigar riesgos y rendir cuentas[98]; b) mecanismos para evaluar los efectos socioeconómicos y minimizar las brechas sociales[99]; c) medidas de vigilancia de los sistemas y sus algoritmos en todo el ciclo de vida[100]; d) procedimientos para evaluar «el impacto ético de los sistemas de IA»[101]; e) mecanismos de auditabilidad, trazabilidad, explicabilidad y supervisión de los sistemas desplegados[102]; y f) mecanismos para seguir y evaluar «las iniciativas y políticas relacionadas con la ética de la IA»[103].

El segundo ámbito de actuación está referido a la *gobernanza y administración éticas*. Además de exigir la participación de todos los actores, públicos y privados, en la elaboración de los instrumentos de gobernanza, éstos deben ser transparentes e incluir aspectos de previsión, protección y reparación[104]. Ello se concreta en una serie de características y elementos insoslayables: a) «ajustarse al derecho internacional de los derechos humanos y

---

98. «Mecanismos de diligencia debida y supervisión para determinar, prevenir y mitigar los riesgos y rendir cuentas sobre la forma en que abordan el impacto de los sistemas de IA en los derechos humanos, el estado de derecho y las sociedades inclusivas». *Recomendación...*, cit., n. 51.
99. *Recomendación...*, cit., n. 51.
100. «Medidas adecuadas para vigilar todas las etapas del ciclo de vida de los sistemas de IA, incluidos el comportamiento de los algoritmos utilizados para la adopción de decisiones, los datos y los actores de la IA que participan en el proceso». *Recomendación...*, cit., n. 52.
101. Las evaluaciones deben ser «transparentes y abiertas al público (...), multidisciplinarias, multiculturales, pluralistas e inclusivas» y prever «las repercusiones, atenuar los riesgos, evitar las consecuencias perjudiciales, facilitar la participación de los ciudadanos». *Recomendación...*, cit., n. 53.
102. *Recomendación...*, cit., n. 53. Reiterada en n. 58.
103. *Recomendación...*, cit., n. 54.
104. *Recomendación...*, cit., n. 55. Se alienta a utilizar «los prototipos de políticas y los entornos de pruebas reguladores para acelerar la formulación de leyes, reglamentos y políticas acordes con el rápido desarrollo de las nuevas tecnologías y garantizar que las leyes y los reglamentos se puedan poner a prueba en un entorno seguro antes de su aprobación oficial» (n. 70).

promover los derechos humanos y las libertades fundamentales»[105]; b) reforzar «la capacidad del poder judicial para adoptar decisiones relacionadas con los sistemas de IA en el marco del estado de derecho y de conformidad con las normas internacionales, en particular en lo que respecta a la utilización de los sistemas de IA en sus deliberaciones»[106]; c) mecanismos de auditabilidad y trazabilidad de los sistemas que permitan investigar y reparar los daños causados a los usuarios; d) mecanismo de certificación, contemplando «diferentes niveles de auditoría de los sistemas, los datos y el cumplimiento de las directrices éticas»[107]; e) creación de una autoridad independiente para la evaluación de impacto ético y seguimiento de los sistemas[108]; f) mecanismos para supervisar la adquisición de sistemas de IA de «utilización delicada en materia de derechos humanos»[109] y «la seguridad y la protección de los sistemas de IA»[110], para combatir «todo tipo de estereotipos (...), la difusión de información no fiable o la diseminación de ideas antidemocráticas»[111], y para «lograr la rendición de cuentas y la responsabilidad por el contenido y los resultados de los sistemas»[112]; y g) requisitos «de transparencia y explicabilidad de los sistemas de IA»[113].

El tercer ámbito de actuación, referido a la *política de datos*, tiene como objetivo el equilibrio entre el tratamiento legítimo de datos y la protección de la privacidad. El marco regulador deberá garantizar la calidad, seguridad y protección de los datos, así como prever mecanismos de retroinformación para que el sistema aprenda de los errores[114]. Deberá asegurar al más alto nivel la transparencia y tratamiento seguro de datos sensibles, establecer mecanismos de rendición de cuentas eficaces y velar por «el pleno disfrute de los derechos de los interesados, en particular el derecho de acceso y el derecho a la eliminación de sus datos personales en los sistemas de IA, un nivel adecuado de protección mientras se utilicen los datos con

---

105. *Recomendación...*, cit., n. 62. Lo que obligará a los gobiernos a «aplicar políticas destinadas a garantizar que las acciones de los actores de la IA se ajusten al derecho, las normas y los principios internacionales de derechos humanos durante todo el ciclo de vida de los sistemas de IA» (n. 65).
106. *Recomendación...*, cit., n. 69.
107. *Recomendación...*, cit., n. 57.
108. *Recomendación...*, cit., nn. 59 y 63.
109. *Recomendación...*, cit., n. 63.
110. *Recomendación...*, cit., n. 64.
111. *Recomendación...*, cit., n. 66.
112. *Recomendación...*, cit., n. 68.
113. *Recomendación...*, cit., n. 71.
114. *Recomendación...*, cit., n. 72. «La privacidad ha de ser respetada, protegida y promovida a lo largo del ciclo de vida de los sistemas de IA» (n. 73).

fines comerciales (...) o sean transferidos al extranjero y una supervisión eficaz e independiente»[115].

En los dos siguientes ámbitos de actuación, *desarrollo y cooperación internacional* y *medio ambiente*, se exige la colaboración de los Estados, empresas transnacionales y organismos internacionales en la investigación, innovación y análisis del impacto ético de los sistemas de IA en esferas de desarrollo como «la atención de la salud, la agricultura, el suministro de alimentos, la educación, los medios de comunicación, la cultura, el medio ambiente, la ordenación de los recursos hídricos, la gestión de infraestructuras y la planificación y el crecimiento económico»[116], de acuerdo con los valores y principios previamente establecidos y las normas de desarrollo sostenible[117].

Los cuatro ámbitos siguientes se centran en un uso de la IA que fomente la igualdad universal. Así, se insta a que las evaluaciones de impacto ético incluyan perspectiva de género para evitar la discriminación de la mujer[118]. En el ámbito de la *cultura*, insta a los Estados a promover que la IA colabore en la extensión de la cultura para todos[119], y en el de la *educación*

---

115. *Recomendación...*, cit., n. 74. Especialmente, «garantizar una mayor seguridad de los datos personales y los datos confidenciales que, de ser divulgados, puedan causar daños, lesiones o dificultades excepcionales a una persona. Cabe citar como ejemplos los datos relativos a infracciones, procesos penales y condenas, así como a las medidas de seguridad conexas; los datos biométricos y genéticos; y los datos personales relativos al origen étnico o social, las opiniones políticas, la pertenencia a sindicatos, las creencias religiosas y de otro tipo, la salud y la vida sexual» (n. 75).

116. *Recomendación...*, cit., n. 80. Insiste en esta colaboración en los nn. 81-85.

117. *Recomendación...*, cit., n. 86. También deberán incentivar el uso de la IA para «la vigilancia, protección y regeneración del medio ambiente y los ecosistemas», promocionando medidas para: «a) apoyar la protección, el seguimiento y la gestión de los recursos naturales; b) apoyar la prevención, el control y la gestión de los problemas relacionados con el clima; c) apoyar un ecosistema alimentario más eficiente y sostenible; d) contribuir a acelerar el acceso a la energía sostenible y su adopción a gran escala; e) facilitar y promover la incorporación de infraestructuras sostenibles, modelos empresariales sostenibles y financiación sostenible al servicio del desarrollo sostenible; f) detectar los contaminantes o prever los niveles de contaminación y, de ese modo, ayudar a las partes interesadas pertinentes a definir, planificar y poner en marcha intervenciones específicas para prevenir y reducir la contaminación» (n. 87).

118. Los Estados «deberían velar por que los estereotipos de género y sesgos discriminatorios no se trasladen a los sistemas de IA». *Recomendación...*, cit., n. 92. Cita aspectos proclives a la discriminación como el salario, la representación profesional, puestos directivos superiores, juntas directivas, equipos de investigación, educación, acceso y utilización de la de la IA, así como en la distribución del trabajo no remunerado y de las responsabilidades de cuidado (n. 91).

119. *Recomendación...*, cit., nn. 95-96. Insta también a promover investigaciones sobre la propiedad intelectual, por ejemplo, para determinar la titularidad «de los derechos de las obras creadas mediante tecnologías de la IA» (n. 100).

e investigación, a instrumentar la colaboración internacional para que toda la humanidad se pueda formar en materia de IA, y promocionar sin discriminación la investigación ética de la IA y su uso en la educación[120]. Por último, en el ámbito de la *economía y trabajo* se insta a los Estados a promover, en colaboración con todos los actores sociales, una formación para trabajar en entornos más digitalizados y preparar a los trabajadores para la transición a los nuevos entornos[121].

El último ámbito de actuación al que hace referencia la Recomendación es el de la *salud y bienestar social*. Para este campo se pide a los Estados el esfuerzo «por emplear sistemas eficaces de IA para mejorar la salud humana y proteger el derecho a la vida» en el que prime «la solidaridad internacional para hacer frente a los riesgos e incertidumbres de la salud en el plano mundial (...) conforme al derecho internacional y al derecho, las normas y los principios internacionales de derechos humanos»[122]. La relevancia de la IA en este ámbito lleva a la Recomendación a exigir una reglamentación rigurosa de la predicción, detección y tratamiento médicos de las aplicaciones de IA, estableciendo: a) supervisión para minimizar sesgos discriminatorios; b) atención a la privacidad, con vigilancia constante; c) garantizar el conocimiento y consentimiento informado para el tratamiento de datos; y d) garantizar que el cuidado humano y la decisión final sobre el diagnóstico y el tratamiento correspondan en última instancia a un ser humano. Se trata, en definitiva, de garantizar un trato humano y digno a las personas[123].

---

120. Los Estados «deberían velar por que los investigadores en IA reciban formación en ética de la investigación y exigirles que incluyan consideraciones éticas en sus concepciones, productos y publicaciones». *Recomendación...*, cit., n. 109.

121. Deberá analizarse «el impacto de los sistemas de IA en el entorno laboral local con miras a anticipar las tendencias y los desafíos futuros. Estos estudios deberían investigar el impacto de los sistemas de IA en los sectores económico, social y geográfico, así como en las interacciones entre seres humanos y robots y entre los propios seres humanos, a fin de asesorar sobre las mejores prácticas de reconversión y reasignación profesional». *Recomendación...*, cit., n. 117.

122. *Recomendación...*, cit., n. 119. Se encarece el cuidado «de las relaciones del paciente con su familia y con el personal sanitario», así como la participación de todos los implicados en el desarrollo de los sistemas (n. 120).

123. *Recomendación...*, cit., n. 121. En esta línea, se exigen estudios rigurosos sobre los efectos de la IA en materia de salud mental, elaborar directrices sobre las interacciones entre seres humanos y robots y sus repercusiones en las relaciones entre seres humanos, velar por que las interacciones entre seres humanos y robots se ajusten a los mismos valores y principios que se aplican a cualquier otro sistema de IA, proteger el derecho de los usuarios a determinar fácilmente si interactúan con un ser vivo o con un sistema de IA que imita las características humanas o animales, aplicar políticas de sensibilización sobre la antropomorfización de las tecnologías de la IA, promover la investigación colaborativa sobre los efectos de la interacción a largo plazo de personas (especialmente los niños) con sistemas de IA, etc. (nn. 122-129).

La valoración que podemos hacer de la Recomendación es muy positiva. No se trata de un documento que ponga el énfasis en las restricciones a la IA, sino en la protección de la dignidad de la persona y sus derechos. Se reconocen los beneficios que puede reportar a la sociedad, de ahí que no se centre en limitar su desarrollo, sino que insta a hacerlo disminuyendo en la medida de lo posible los riesgos que puedan derivar de ella, priorizando los valores y derechos humanos. Es el documento de carácter universal que, por primera vez, insta a limitar las decisiones automatizadas con repercusión sobre los derechos y consagra el nuevo derecho de la persona a ser informada de que está interactuando con una máquina, derecho ya reconocido en otros Instrumentos de carácter regional y en la legislación de la UE.

IV. POR EL BIEN DE LA HUMANIDAD

Si todos los seres humanos estuviéramos comprometidos con el respeto de las exigencias éticas universales, los riesgos de la IA no deberían preocuparnos, pero desgraciadamente no es así en una sociedad en la que imperan criterios utilitaristas y económicos. La Recomendación de la UNESCO supuso un paso significativo, pero insuficiente. Creemos que en la actualidad son los Instrumentos internacionales vinculantes los que constituyen el único bastión de garantía de los derechos humanos, por lo que habría que acometer de forma inmediata una Convención internacional universal sobre diseño, creación y aplicación de la IA que sirva de freno a las actuaciones de los ciudadanos, empresas y, en especial, de los poderes públicos que vulneran claramente los derechos humanos y debilitan el Estado de Derecho y la democracia.

Para su elaboración podría servir de modelo la Recomendación de la UNESCO, la propuesta de Convenio en la que trabaja el CAI o la línea seguida por la UE, con la prohibición de sistemas de IA que impliquen un riesgo inaceptable y el establecimiento de requisitos exigentes para los sistemas de alto riesgo.

De igual modo, sería de vital importancia, en un campo tan dinámico por las continuas innovaciones, la creación en el marco de Naciones Unidas de una Relatoría Especial y de un Comité de control formado por expertos que velaran por el cumplimiento de las exigencias contenidas en la posible Convención universal, y que pudieran hacer un seguimiento del cumplimiento de la misma y atender las reclamaciones por vulneración de los derechos humanos mediante sistemas de IA.

Sin embargo, no está de más que sigan desarrollándose marcos éticos que complementen los marcos legales, nacionales o transnacionales, y que podrían servir de orientación en aspectos de riesgo más difíciles de concretar. Creemos acertado mantener algo importante en lo que las propuestas analizadas coinciden. En primer lugar, que se trabaje con una concepción de la IA siempre al servicio de la humanidad y no al revés, de modo que se evite cualquier trato indigno hacia la persona. Y, en segundo lugar, que no se reconozca personalidad jurídica a los sistemas de IA, de modo que sea siempre posible hacer responsable de la vulneración de derechos humanos a personas (físicas o jurídicas) y que respondan por ello[124].

---

124. Algunos órganos de la UE propusieron en un principio reconocer personalidad a los sistemas de IA. Los últimos documentos abogan por lo contrario. *Vid.*, por ejemplo, Resolución del Parlamento Europeo, de 20 de octubre de 2020, con recomendaciones destinadas a la Comisión sobre un régimen de responsabilidad civil en materia de inteligencia artificial (2020/2014(INL)), n. 7. En el mismo sentido se pronuncia la UNESCO en la *Recomendación*, cit., n. 68, al afirmar que la responsabilidad debe «recaer siempre en última instancia en personas físicas o jurídicas y no se debe otorgar personalidad jurídica a los sistemas de IA». *Vid.* sobre esta cuestión LACRUZ MANTE-CÓN, L., *Robots y personas: una aproximación jurídica a la subjetividad cibernética*. Reus, Madrid 2020, y GONZÁLEZ GRANADO, J., *De la persona a la personalidad jurídica. A propósito de la personalidad jurídica de la inteligencia artificial*. Ediciones de la Universitat de Barcelona, Barcelona 2020.

Capítulo 4

La personalización del derecho como culminación ideal de la inteligencia artificial jurídica

Jorge Crego
Profesor Ayudante Doctor de Filosofía del Derecho
Universidade da Coruña

SUMARIO: I. INTRODUCCIÓN. II. TRES TIPOS DE INTELIGENCIA ARTI-FICIAL JURÍDICA. *1. El derecho formalizado. 2. La práctica jurídica algorítmica. 3. El derecho personalizado.* III. EL DERECHO PERSO-NALIZADO: IDEAL DE LA INTELIGENCIA ARTIFICIAL JURÍ-DICA. *1. El derecho formalizado como pilar de la práctica jurídica algorítmica. 2. El derecho personalizado como culmen del propósito de la inteligencia artificial jurídica.* IV. CONCLUSIÓN.

I. INTRODUCCIÓN

En los últimos años, los algoritmos se han insertado de lleno en la socie-dad. Prácticamente cualquier esfera de la vida humana experimenta una transformación en curso en la que la inteligencia artificial (IA) se concibe como un nuevo medio para mejorar el desempeño humano[1]. Prácticas sociales tales como la educación, la publicidad, la vigilancia, la concesión de créditos o la oferta de seguros se han transformado por el uso de IA[2]. Hay quien considera que vivimos en una «sociedad algorítmica» o en la

---

1. Esta publicación es parte del proyecto de I+D-i «Inteligencia artificial jurídica y Estado de Derecho» [PID2022 – 139773OB-I00], financiado por MICIU/AEI/ 10.13039/501100011033 y por FEDER, UE.
2. O'NEIL, C., *Weapons of Math Destruction: How Big Data Increases Inequality and Threatens Democracy*, Penguin Books, Londres 2016.

«edad de la IA» o «la edad del algoritmo»[3]. Además, existe cierto optimismo acerca de las posibilidades de mejora de la IA en el corto plazo[4]. Estas perspectivas generan expectativas de transformaciones radicales. ALARIE, por ejemplo, afirma que «el lugar al que más datos y mejores inferencias nos llevan podría ser el reino de lo que actualmente se considera ciencia ficción»[5].

En este contexto, no sorprende que el ejercicio del poder también haya sido objeto de propuestas de algoritmización. La «regulación algorítmica» propone el uso de sistemas de decisión algorítmica para «gestionar el riesgo o alterar el comportamiento para alcanzar algún objetivo especificado»[6]. El campo de la inteligencia artificial jurídica tiene ya décadas de historia[7]. Los actuales avances en IA, principalmente con el desarrollo del *machine learning*, han generado expectativas de transformación radical en el ámbito jurídico[8]. Los defensores de ese proceso consideran que la IA mejoraría el derecho de diversos modos: incrementando la certeza jurídica[9]; evitando la sub- y la sobre-inclusión de las normas jurídicas y generando «normas calibradas» o personalizadas[10]; mejorando la justicia de los sistemas[11]; impo-

---

3. PASQUALE, F., *New Laws of Robotics: Defending Human Expertise in the Age of AI*, Belknap Press, Cambridge, 2020; PASQUALE, F., «Toward a fourth law of robotics: Preserving attribution, responsibility, and explainability in an algorithmic society», *Ohio State Law Journal*, núm. 78, vol. 5, 2017, pp. 1243-1255; ROBINSON, T., «A Normative Evaluation of Algorithmic Law», *Te Mata Koi: Auckland University Law Review*, núm. 23, 2017, pp. 293-323.

4. KATZ, D. M., «Quantitative Legal Prediction – Or – How I Learned to Stop Worrying and Start Preparing for the Data-Driven Future of the Legal Services Industry», *Emory Law Journal*, núm. 62, vol. 4, 2013, pp. 913-919; TEGMARK, M., *Life 3.0: Being human in the age of artificial intelligence*, Penguin Books, Londres 2017, pp. 55-80.

5. ALARIE, B., «The Path of the Law: Towards Legal Singularity», *University of Toronto Law Journal*, núm. 66, vol. 4, 2016, p. 453.

6. YEUNG, K., LODGE, M., *Algorithmic Regulation*, Oxford University Press, Oxford 2019.

7. BENCH-CAPON, T., «Thirty years of Artificial Intelligence and Law: Editor's Introduction», *Artificial Intelligence and Law*, núm. 30, 2022, pp. 475-479. En el ámbito español también existen destacados trabajos tempranos y contemporáneos en este ámbito; BOURCIER, D., CASANOVAS, P., *Inteligencia artificial y derecho*, UOC, Barcelona 2003; CASANOVAS, P., «Inteligencia Artificial y Derecho: a vuelapluma», *Teoría y Derecho. Revista de Pensamiento Jurídico*, núm. 7, 2010, pp. 203-221; SOLAR CAYÓN, J. I., *La inteligencia artificial jurídica. El impacto de la innovación tecnológica en la práctica del Derecho y el mercado de servicios jurídicos*, Thomson Reuters, Aranzadi, Cizur Menor 2019.

8. KATZ, D. M., «Quantitative Legal Prediction», *cit.*, pp. 913-918. Para una breve historia moderna de la IA, *vid.* RUSSELL, S. J., NORVIG, P., *Artificial Intelligence: A Modern Approach*, 4.ª ed., Pearson Education, Harlow 2022, pp. 35-48.

9. ALARIE, B., «The Path of the Law», *cit.*, *passim*.

niendo la igualdad ante la ley, evitando sesgos judiciales e inconsistencias entre decisiones jurídicas[12]; o facilitando el acceso a la justicia[13].

En general, los trabajos en el ámbito de la IA y el derecho se han centrado en propuestas específicas, como el uso de sistemas de IA para predecir decisiones judiciales o la implementación de normas personalizadas. Sin embargo, no se ha estudiado con tanto detalle la relación entre las diferentes propuestas. Partiendo de una clasificación tripartita de las propuestas de uso de IA en el derecho, este trabajo defiende la existencia de una tendencia que relaciona esos tres tipos de propuestas. Se defiende que la tendencia apunta a la sustitución de las normas generales que hoy son el núcleo de los sistemas jurídicos por normas singulares o personalizadas, es decir, a la transformación del derecho en «un catálogo de leyes [*laws*] adaptadas con precisión, especificando [a cada sujeto individual] el comportamiento exacto que se permite en cada situación»[14]. Este modelo sería la culminación ideal de los fines perseguidos por el uso de IA en el derecho.

Con el propósito de mostrar las diferencias entre el modelo jurídico que derivaría de esta tendencia y los actuales sistemas jurídicos, sin desconocer la simplificación que esto supone, resulta necesario partir de un modelo que refleje los caracteres esenciales del derecho tal como se manifiesta en la actualidad. Son varios los autores que se han cuestionado si la existencia de normas generales es un rasgo definitorio de cualquier concepto de «derecho»[15]. Independientemente de esta discusión conceptual, lo que no parece discutible es

10. CASEY, A. J., NIBLETT, A., «The Death of Rules and Standards», *Indiana Law Journal*, núm. 92, vol. 4, 2017, pp. 1401-1447; BEN-SHAHAR, O., PORAT, A., *Personalized Law: Different Rules for Different People*, Oxford University Press, Nueva York 2021.

11. BIBEL, L. W., «AI and the Conquest of Complexity in Law», *Artificial Intelligence and Law*, núm. 12, vol. 3, 2004, p. 178, pp. 159-180.

12. D'AMATO, A., «Can/should computers replace judges?», *Georgia Law Review*, núm. 11, vol. 5, 1977, pp. 1277-1301; CASEY, A. J., NIBLETT, A., «Self-Driving Laws», *University of Toronto Law Journal*, núm. 66, vol. 4, 2016, pp. 429-442.

13. D'AMATO, A., «Can/should computers replace judges?», *cit.*, p. 1286; SUSSKIND, R., *Transforming the Law: Essays on Technology, Justice and the Legal Marketplace*, Oxford University Press, Oxford, 2003, pp. ix-x; GOWDER, P., «Transformative legal technology and the rule of law», *University of Toronto Law Journal*, núm. 68, vol. supplement 1, 2018, pp. 82-105; VOLOKH, E., «Chief Justice Robots», *Duke Law Journal*, núm. 68, 2018, p. 1140.

14. CASEY, A. J., NIBLETT, A., «The Death of Rules and Standards», *cit.*, p. 2. Los autores suelen emplear el término «*rule*» o «*law*» para referirse a estas normas singulares, a las que denominan específicamente «microdirectivas».

15. *Vid., v.gr.,* VON WRIGHT, G. H., *Norma y acción. Una investigación lógica*, Ediciones Olejnik, Santiago de Chile, 2019, pp. 70-72; SCHAUER, F., *Las reglas en juego. Un examen filosófico de la toma de decisiones basada en reglas en el derecho y en la vida cotidiana*, Marcial Pons, Madrid 2004, p. 229 y ss.

que los sistemas jurídicos actuales basan su funcionamiento en normas generales. Empleando las ideas de FULLER, podría decirse que el derecho es un sistema «para someter la conducta humana al gobierno de reglas»[16], no de normas singulares[17]. Como afirma KRAMER, un sistema jurídico funciona a través de normas que «se aplican a un tipo de conducta en lugar de solamente a algunas instancias particulares de conducta y la mayoría de este tipo de normas se dirigen a categorías generales de personas en lugar de a individuos designados»[18]. Estas normas son «eminentemente generales», en el sentido en que son «generales tanto con relación al sujeto como con relación a la ocasión»[19]. Es por la relevancia de las normas generales que el razonamiento jurídico implica la operación de subsumir un caso particular en una norma general, de clasificarlo como una instancia de dicha norma. El derecho personalizado, culmen de la tendencia latente en la empresa de la algoritmización del derecho, sería un opuesto a este modelo, formado por normas «eminentemente singulares», al adaptarse tanto a las particularidades del sujeto como de los hechos a los que se aplicará la norma[20]. Parece evidente que una transformación de esta naturaleza tendría implicaciones teóricas y prácticas radicales para el derecho. Este trabajo pretende mostrar que merece la pena anticipar esta posible transformación y reflexionar sobre tales implicaciones, dejando para el futuro esa reflexión.

El fenómeno de la implementación de la IA en el derecho ha recibido numerosas denominaciones, tales como «derecho algorítmico»[21], «derecho computacional»[22], «inteligencia artificial jurídica»[23], «derecho basado en

---

16. Para lo que aquí respecta, «regla» ha de entenderse como sinónimo de «norma general». De este modo, la distinción entre «principios» y «reglas» no es decisiva en esta discusión: *vid.* SCHAUER, F., *Las reglas en juego, cit.,* pp. 69-72; DWORKIN, R., *Los derechos en serio,* Ariel, Barcelona 1984, pp. 61-101; ALEXY, R., *El concepto y la validez del derecho,* Gedisa, Barcelona 1993, pp. 161-174.
17. FULLER, L. L., *The Morality of Law,* 2.ª ed., Yale University Press, New Haven 1969, p. 46.
18. KRAMER, M., *Objectivity and the Rule of Law,* Cambridge University Press, Cambridge 2007, p. 110.
19. VON WRIGHT, G. H., *Norma y acción. Una investigación lógica, cit.,* pp. 71-72. Para von Wright, «ocasión» y «condición de aplicación» son nociones diferentes. En el contexto actual, pueden tratarse como similares.
20. Aquí se tratará de evitar la distinción entre lo «particular» y lo «singular» y se emplearán ambos términos para referirse a entidades individuales. En el caso de las normas «eminentemente singulares», puede darse cierta confusión porque la norma como tal es singular, pero está formada por una multiplicidad de condiciones de aplicación particulares que, tomadas en conjunto, singularizan la norma.
21. ROBINSON, T., «A Normative Evaluation of Algorithmic Law», *cit., passim.*
22. VAN DEN HOVEN, E., «Hermeneutical injustice and the computational turn in law», *Journal of Cross-disciplinary Research in Computational Law,* núm. 1, vol. 1, 2021, pp. 1-16.

datos» [*data-driven law*][24], «IA jurídica» [*legal AI*][25], o «legal tech»[26]. Cada término resalta un aspecto específico del uso de IA en el derecho o se refiere a un tipo específico de uso. La extensión de estos términos puede diferir y no resulta sencillo identificar los usos que incluyen. En este trabajo se empleará el término «inteligencia artificial jurídica» o «IA jurídica» como término más extenso, para referirse a cualquier propuesta de uso de IA en el derecho.

La IA jurídica se dividirá en tres categorías: el derecho formalizado, la práctica jurídica algorítmica y el derecho personalizado. Sumariamente, el derecho formalizado incluye la reformulación, clarificación, compleción o, en general, el perfeccionamiento de textos jurídicos relacionados con el uso de IA. Esta categoría se centra, por tanto, en la reformulación de un conjunto de normas jurídicas dirigida a perfeccionarlas de algún modo. La práctica jurídica algorítmica incorpora los usos de IA para automatizar tareas relacionadas con el razonamiento jurídico. En este caso, el objetivo es que el sistema de IA lleve a cabo al menos algunas de las operaciones necesarias para interpretar un conjunto de normas jurídicas y aplicarlas a un caso concreto. El derecho personalizado se refiere a la regulación de la conducta a través de lo que se han denominado normas «eminentemente particulares», es decir, normas personalizadas adaptadas al caso concreto tanto en lo que respecta al sujeto como a la condición de aplicación. A grandes rasgos, el derecho formalizado se centra en el momento legislativo, la práctica jurídica algorítmica en el momento aplicativo y el derecho personalizado supone una ruptura radical con el modelo actual de derecho. Teniendo en cuenta esta clasificación de los sistemas de IA jurídica, la tendencia que se tratará de mostrar en este trabajo puede reformularse como la relación del derecho formalizado y la práctica jurídica algorítmica con el derecho personalizado. La propuesta del derecho personalizado se identificará como «culminación

23. HILDEBRANDT, M., «Law as computation in the era of artificial legal intelligence: Speaking law to the power of statistics», *University of Toronto Law Journal*, núm. 68, vol. 1, 2018, pp. 12-35; SOLAR CAYÓN, J. l., *La inteligencia artificial jurídica, cit.*

24. KATZ, D. M., «Quantitative Legal Prediction», *cit., passim;* HILDEBRANDT, M., «Algorithmic Regulation and the Rule of Law», *Philosophical Transactions of the Royal Society A: Mathematical, Physical and Engineering Sciences*, núm. 376, vol. 2128, 2018, pp. 1-11; BAYAMLıOĞLU, E., LEENES, R., «The "Rule of Law" Implications of Data-Driven Decision-Making: A Techno-Regulatory Perspective», *Law, Innovation and Technology*, núm. 10, vol. 2, 2018, pp. 295-313.

25. COBBE, J., «Legal Singularity and the Reflexivity of Law», DEAKIN, S. y MARKOU, C. (eds.), *Is Law Computable?: Critical Perspectives on Law and Artificial Intelligence*, Hart Publishing, Oxford-Nueva York 2020, pp. 107-133.

26. PASQUALE, F., «Foreword. The Resilient Fragility of Law», DEAKIN, S. y MARKOU, C. (eds.), *Is Law Computable?: Critical Perspectives on Law and Artificial Intelligence*, Hart Publishing, Oxford-Nueva York 2020, pp. v-xvi.

ideal» de la inteligencia artificial jurídica para señalar que representaría el grado óptimo de su desarrollo y para resaltar que este ideal se ve reflejado, de forma más o menos manifiesta, en el resto de las propuestas de uso de IA en el derecho.

Este trabajo no indagará sobre la posibilidad teórica o técnica de los diferentes usos de la IA jurídica. Los usos más básicos, como puede ser la recuperación de información jurídica, son ya una realidad. Los usos más complejos están lejos de implementarse y resulta razonable desconfiar de la posibilidad de que la naturaleza del derecho tal y como lo conocemos permita la automatización de numerosas operaciones jurídicas. Más cuestionable si cabe es la posibilidad de un auténtico derecho personalizado. Pese a todo, la descripción de las relaciones entre las diferentes propuestas resulta valiosa por diversos motivos. Primero, porque el ideal del derecho personalizado, incluso aunque fuese inalcanzable, podrá afectar a la realidad al moldear la plasmación de propuestas menos complejas. Además, no es descartable que este ideal se intente plasmar en la realidad dando lugar a una manifestación corrupta del mismo que afectaría de forma directa a las relaciones sociales. Este fenómeno puede percibirse ya en la personalización masiva de otros sistemas normativos[27]. Segundo, relacionado con lo anterior, porque reflexionar sobre todos los usos de IA jurídica en el marco de esta tendencia permitirá enriquecer el estudio del impacto social y jurídico de dichos usos desde una perspectiva más amplia. Por último, el derecho personalizado está en franca oposición con el modelo actualmente dominante, el *rule of law* o imperio de la ley[28]. El estudio del derecho personalizado y de sus diferencias con el modelo del *rule of law* puede servir para perfeccionar nuestro conocimiento relativo a las virtudes y limitacio-

---

27. YEUNG, K., «Five Fears about Mass Predictive Personalisation in an Age of Surveillance Capitalism», *International Data Privacy Law*, núm. 8, vol. 3, 2018, pp. 258-269.

28. No es de extrañar que el tema de la IA jurídica se haya estudiado en contraposición con el *rule of law; vid., v.gr.,* ROBINSON, T., «A Normative Evaluation of Algorithmic Law», *cit., passim;* GREENSTEIN, S., «Preserving the rule of law in the era of artificial intelligence (AI)», *Artificial Intelligence and Law,* núm. 30, 2022, pp. 291-323; BAYAMLıOĞLU, E., LEENES, R., «The "Rule of Law" Implications of Data-Driven Decision-Making», *cit., passim;* HILDEBRANDT, M., «Algorithmic Regulation and the Rule of Law», *cit., passim;* PASQUALE, F., «A Rule of Persons, Not Machines: The Limits of Legal Automation», *George Washington Law Review,* núm. 87, vol. 1, 2019, pp. 1-55; ZALNIERIUTE, M., MOSES, L. B., WILLIAMS, G., «The Rule of Law and Automation of Government Decision-Making», *The Modern Law Review,* núm. 82, vol. 3, 2019, pp. 425-455. Ya en 1977, D'AMATO relacionó la discusión de la IA jurídica con el ideal del *rule of law.* Para él, la aplicación automatizada del derecho, la «toma de decisiones deshumanizada» promovería el *rule of law; vid.* D'AMATO, A., «Can/should computers replace judges?», *cit., passim.*

nes de este último concepto, que tradicionalmente ha sido objeto de fuertes discusiones en la filosofía del derecho.

Este trabajo se inicia con una breve presentación de las tres categorías que se proponen para clasificar la IA jurídica, describiendo los rasgos característicos de cada una de ellas y enumerando los usos específicos más representativos de cada categoría. Seguidamente, se señalan las relaciones existentes entre cada una de las categorías. Primero, se describe la relación entre derecho formalizado y práctica jurídica algorítmica, concibiendo el primero como un conjunto de transformaciones que puede servir para favorecer el desarrollo de la segunda. Después, se señalan las dinámicas internas en el seno de la práctica jurídica algorítmica, identificando la automatización del razonamiento jurídico como la manifestación más desarrollada de dicha categoría. Tras esto, se defiende la principal tesis del trabajo, la afirmación de que el derecho personalizado es la culminación ideal de todos los esfuerzos de la IA jurídica, tanto por plasmar de la forma más acabada algunos de sus fines como por el hecho de que la personalización se encuentra latente, con mayor o menor intensidad, en todas sus manifestaciones. Para finalizar, se caracteriza de forma somera esta conexión entre las diferentes categorías y la idea de «culminación ideal» con la que se designa el derecho personalizado, enmarcando esta discusión en el debate clásico sobre el *rule of law*.

II. TRES TIPOS DE INTELIGENCIA ARTIFICIAL JURÍDICA

La disciplina de la IA jurídica incluye diversas aplicaciones de IA en el derecho. Seguramente quepa clasificar esas aplicaciones de diversos modos, dependiendo de en qué se ponga el acento. Para los intereses de la filosofía del derecho, una clasificación especialmente adecuada podría distinguir entre derecho formalizado, práctica jurídica algorítmica y derecho personalizado[29]. Esta clasificación podría no ser exhaustiva, existiendo aplicaciones que no encajen de forma adecuada en ninguna de las tres propuestas[30]. Además, seguramente algunas aplicaciones estarán a caballo de

---

29. La propuesta de división tripartita de los usos de sistemas de IA jurídica puede consultarse con mayor detalle en CREGO, J., «Una Clasificación de la Inteligencia Artificial Jurídica desde la Perspectiva de la Filosofía del Derecho», GUIMARÃES, M.R. y PEDRO, R.T. (coords.), *Direito e Inteligência Artificial*, Almedina, Coimbra, 2023, pp. 303-330. En ese trabajo se defiende por qué esta división es especialmente pertinente para una perspectiva iusfilosófica.
30. Un ejemplo podría ser el de los sistemas para la elaboración automatizada de documentos jurídicos; *vid.* SOLAR CAYÓN, J. I., *La inteligencia artificial jurídica*, cit., pp. 137-145.

varias categorías, sobre todo debido a la importante conexión entre categorías.

1. EL DERECHO FORMALIZADO

El derecho formalizado se refiere a las operaciones dirigidas a reformular, clarificar, completar o, en general, perfeccionar textos jurídicos[31]. Esta categoría tiene por objeto los materiales que el derecho pone a disposición del jurista para la resolución de problemas jurídicos, tales como reglas, principios o conceptos jurídicos. Estas operaciones, en algunos casos, se realizan manualmente[32]. Actualmente diversos autores trabajan en la automatización de operaciones que se incluirán en esta categoría. Sin embargo, incluso cuando las operaciones se realizan de manera manual, resulta pertinente relacionarlas con la IA jurídica. La conexión entre derecho formalizado y práctica jurídica algorítmica, que se señalará más adelante, justifica esta afirmación.

El derecho formalizado sirve entonces para incorporar conocimiento jurídico a los textos jurídicos, trasformando estos últimos de algún modo, con la vista puesta en diversos objetivos como la estructuración de información jurídica compleja, su clarificación o la facilitación del razonamiento jurídico[33]. El término «derecho formalizado» hace referencia a que este proceso de transformación se basa en ciertas ocasiones en la formalización del lenguaje jurídico, con la finalidad de alcanzar la representación del derecho más clara y unívoca posible[34]. El uso de lenguajes simbólicos formales supone ya una transformación del texto inicial, puesto que esta nueva representación exige eliminar al menos algunas ambigüedades previas, reduciendo el número de interpretaciones posibles del texto y, por tanto, alterando el conjunto de significados posibles.

La categoría de «derecho formalizado» no se reduce a la formalización del texto jurídico. Esta categoría incluye cualquier refinamiento del sistema

---

31. BENCH-CAPON, T., PRAKKEN, H., «Introducing the Logic and Law Corner», *Journal of Logic and Computation,* núm. 18, vol. 1, 2008, pp. 2-4.

32. ALLEN, L. E., «Symbolic logic: A razor-edged tool for drafting and interpreting legal documents», *Yale Law Journal,* núm. 66, vol. 6, 1957, pp. 833-879.

33. *Vid., v.gr.,* BREUKER, J., VALENTE, A., WINKELS, R., «Legal Ontologies in Knowledge Engineering and Information Management», *Artificial Intelligence and Law,* núm. 12, 2004, pp. 241-277.

34. BENCH-CAPON, T., PRAKKEN, H., «Introducing the Logic and Law Corner», *cit.,* *passim.*

jurídico a través de la reformulación de las normas generales[35]. La formalización del lenguaje jurídico es uno de los usos posibles. Esta puede ser valiosa para eliminar las ambigüedades sintácticas del texto[36]. Sin embargo, este refinamiento también se puede producir por la incorporación de información jurídica derivada de un conocimiento sistemático de un conjunto de normas jurídicas, tarea para la que también se ha tratado de emplear IA jurídica. Este es el caso de las redes jurídicas o *legal networks*[37], redes de información jurídica que pretenden representar de forma sencilla conocimiento jurídico relativo a las relaciones entre normas jurídicas. Otra aplicación similar son las ontologías jurídicas, empleadas para representar los conceptos jurídicos de un ámbito específico, sus propiedades y sus relaciones[38]. Además, otra manifestación del derecho formalizado es la integración en los propios textos legislativos de jurisprudencia o especificaciones doctrinales consolidadas. Dado que «los casos cumplen un rol en la clarificación del significado de los conceptos jurídicos de textura abierta», la especificación de dichos conceptos a través del significado fijado por los tribunales en sus decisiones supone cierta transformación del texto jurídico original a través de su especificación[39]. Esta manifestación del derecho formalizado implicaría la fusión de textos jurisprudenciales y textos legislativos en un único texto que incorporase toda la información jurídica relevante.

En definitiva, el derecho formalizado se refiere al uso de IA para la representación de conocimiento jurídico, enriqueciendo los materiales a través de, por ejemplo, la representación formal de textos jurídicos, la incorporación de conocimiento sistemático, de aclaraciones semánticas o sintácticas, de información jurisprudencial o de información doctrinal.

2. LA PRÁCTICA JURÍDICA ALGORÍTMICA

Si el derecho formalizado tiene por objeto los materiales jurídicos, la práctica jurídica algorítmica se refiere a la automatización de todas o parte

---

35. Ha de entenderse aquí cualquier reformulación que no implique la transformación del sistema jurídico en un sistema de normas eminentemente singulares ya que, como se señalará, entonces estaríamos ante derecho personalizado.

36. ALLEN, L. E., «Symbolic logic: A razor-edged tool for drafting and interpreting legal documents», *cit.*, *passim.*

37. WHALEN, R., «Legal Networks: The Promises and Challenges of Legal Network Analysis», *Michigan State Law Review*, vol. 2, 2016, pp. 539-565; ASHLEY, K. D., *Artificial Intelligence and Legal Analytics: New Tools for Law Practice in the Digital Age*, Cambridge University Press, Cambridge 2017, pp. 70-72.

38. ASHLEY, K. D., *Artificial Intelligence and Legal Analytics, cit.*, pp. 171-209.

39. *Ibid.*, pp. 74-77; BRANTING, L. K., «Data-centric and logic-based models for automated legal problem solving», *Artificial Intelligence and Law*, núm. 25, vol. 1, 2017, pp. 5-27.

de las operaciones realizadas para identificar la solución de un caso jurídico particular. De este modo, la práctica jurídica algorítmica no altera de forma directa el sistema jurídico entendido como conjunto de normas[40], sino que transforma principalmente el modo en que se aplica el derecho, sustituyendo el trabajo humano por operaciones automatizadas[41]. Las operaciones susceptibles de automatización a través de IA van desde la recuperación de información jurídica hasta la automatización del razonamiento jurídico, pasando por otras posibilidades como la predicción de decisiones judiciales.

La recuperación de información jurídica consiste en el empleo de buscadores especializados que jerarquizan la información a partir de los datos introducidos por un ser humano. Estas aplicaciones son de uso común en la actualidad, pero sus prestaciones son susceptibles de mejora[42]. El reto consiste en transformar los buscadores basados en simples datos en buscadores de auténtico conocimiento jurídico, por emplear los términos de SUSSKIND[43]. Como se verá, la superación de este reto podría dar pie a transformaciones radicales de los sistemas de IA jurídica.

---

40. Sin embargo, la posibilidad de automatizar la práctica jurídica, al reducir el trabajo humano necesario para resolver un caso y al reducir la incertidumbre derivada de tal operación (al menos según sus proponentes), sí puede tener un impacto indirecto en los sistemas jurídicos. Esta automatización, junto con la reducción de costes en la producción, almacenamiento, reproducción y diseminación de cuerpos jurídicos refuerzan la tendencia a la expansión de los sistemas jurídicos, aumentando su complejidad y poniendo en peligro importantes aspectos del derecho contemporáneo, como el *rule of law*; vid. SUSSKIND, R., *Transforming the Law, cit.*, pp. 90-92; PASQUALE, F., «A Rule of Persons, Not Machines», *cit.*, pp. 7-10; CHIAO, V., «Hyperlexis and the Rule of Law», *Legal Theory*, núm. 27, vol. 2, 2021, pp. 1-23. BIBEL, por el contrario, considera que la tecnología podría mitigar los efectos nocivos de la complejidad en el derecho; *vid.* BIBEL, L. W., «AI and the Conquest of Complexity in Law», *cit.*, p. 168.

41. Sería ingenuo omitir la relevancia de este fenómeno como impulso práctico a la automatización de la práctica jurídica e incluso del derecho formalizado. Uno de los propósitos fundamentales de la introducción de sistemas de IA en la práctica real es el aumento del beneficio derivado de la reducción del trabajo humano necesario. SUSSKIND ofrece una explicación de este tipo al referirse a los beneficios del uso de sistemas expertos en el derecho; *vid.* SUSSKIND, R., *Transforming the Law, cit.*, 172-173. Todas las referencias a las transformaciones en el mercado de los servicios jurídicos pueden reformularse como manifestaciones de esta pugna por mantener o retener el beneficio; *vid., v.gr., ibid.*, pp. 111-117; KATZ, D. M., «Quantitative Legal Prediction», *cit.*, pp. 909-913; YOON, A. H., «The Post-Modern Lawyer: Technology and the Democratization of Legal Representation», *University of Toronto Law Journal*, núm. 66, vol. 4, 2016, pp. 469-471.

42. ASHLEY, K. D., *Artificial Intelligence and Legal Analytics, cit.*, pp. 221-223, 248-254.

43. SUSSKIND, R., *Transforming the Law, cit.*, pp. 178-189; MCGINNIS, J. O., WASICK, S., «Law's Algorithm», *Florida Law Review*, núm. 66, vol. 3, 2014, p. 1016.

Los algoritmos predictivos también pueden concebirse como una instancia de práctica jurídica algorítmica. En general, predecir el razonamiento jurídico o, al menos, la solución que ofrecerá un tribunal a un caso concreto facilita la práctica jurídica[44]. En el ámbito de la IA jurídica, se han empleado diversos enfoques para tratar de perfeccionar las predicciones[45]. Actualmente existen intentos dirigidos a superar los sistemas predictivos que no se basan en conocimiento jurídico explícito, desarrollando nuevos sistemas que sí empleen este tipo de conocimiento[46]. En caso de conseguir este tipo de predicciones basadas en conocimiento jurídico estaríamos ante sistemas cuyo impacto en el derecho sería mayor, puesto que sería posible predecir el razonamiento jurídico o la argumentación de un tribunal, no solamente la decisión que tomaría.

La práctica jurídica algorítmica también incluye el uso de sistemas de IA para la automatización del razonamiento jurídico. Este sería el estadio más avanzado de práctica jurídica algorítmica, en el que tanto la solución a un caso concreto como los argumentos que sustentan tal decisión pueden identificarse de forma automatizada. Estos sistemas permitirían interpretar el derecho y aplicar las normas jurídicas a un caso concreto[47]. Existen motivos tanto teóricos como técnicos para dudar de la posibilidad de automatizar tanto la interpretación como la aplicación[48]. Desde el plano teórico, la automatización de la interpretación jurídica y la aplicación del derecho solamente sería posible si estas tareas fuesen reducibles a operaciones computables. Esta hipótesis es una de las grandes cuestiones todavía abiertas en la filosofía del derecho y cabría decir que, en la actualidad, es una visión minoritaria. Desde el punto de vista de la técnica, son todavía muchos los retos que se presentan a la creación de tal sistema[49]. La interpretación y la aplicación son, para SUSSKIND, el «sello distintivo [*hallmark*] del conoci-

---

44. Para ciertos autores, esta es incluso una teoría razonable del derecho; *vid., v.gr.*, KATZ, D. M., «Quantitative Legal Prediction», *cit.*, p. 936; HOLMES, O. W., «The Path of the Law», *Harvard Law Review*, núm. 110, vol. 5, 1997, pp. 991-1009.

45. ASHLEY, K. D., *Artificial Intelligence and Legal Analytics, cit.*, pp. 107-126.

46. *Ibid.*, p. 111.

47. Se entiende la interpretación jurídica como la comprensión o explicación del significado de un texto jurídico; *vid.* MARMOR, A., *Interpretation and Legal Theory*, 2.ª ed., Hart Publishing, Oxford, Portland, 2005, p. 10. La aplicación es entonces la actividad dirigida a determinar que un caso particular es una instancia del supuesto de hecho de una norma jurídica; *vid.* MACCORMICK, N., *Legal Reasoning and Legal Theory*, Clarendon Press, Oxford 1994, pp. 93-97.

48. ASHLEY, K. D., *Artificial Intelligence and Legal Analytics, cit.*, pp. 38-56.

49. *Vid., v.gr.*, LOMBARDI VALLAURI, L., «Verso un Sistema Esperto Giuridico Integrale», *Persona y Derecho*, vol. 31, 1994, pp. 157-182; SUSSKIND, R., *Transforming the Law, cit.*, pp. 161-206; ASHLEY, K. D., *Artificial Intelligence and Legal Analytics, cit.*, pp. 52-56, 164-168.

miento jurídico»[50]. Por tanto, si se consiguiese automatizar estas operaciones, seguramente podría decirse que toda la práctica del derecho pasaría a ser realizable a través de IA. La verdadera diferencia de este modelo sería no solo la capacidad de ofrecer una solución específica a un caso, atendiendo a sus particularidades, sino la capacidad de ofrecer un argumento que justifica dicha solución[51]. Dado que el propósito de este trabajo no es el de elucidar, ni teórica ni técnicamente, si la automatización del razonamiento jurídico es posible, basta con señalar que este es uno de los asuntos en los que trabaja la IA jurídica, cosechando algunos éxitos relativos dignos de destacar.

En resumen, la práctica jurídica algorítmica incluye usos como la recuperación o búsqueda automatizada de información jurídica, los sistemas predictivos y la automatización del razonamiento jurídico. En general, puede incluirse en esta categoría cualquier sistema dirigido a automatizar alguna de las tareas necesarias para la solución de casos jurídicos.

3. EL DERECHO PERSONALIZADO

El derecho formalizado transforma los materiales jurídicos, mientras que la práctica jurídica algorítmica automatiza tareas dirigidas a identificar la solución a un problema jurídico. A grandes rasgos, ambas categorías se mantienen en el paradigma del derecho como sistema «para someter la conducta humana al gobierno de reglas». El derecho formalizado perfecciona el sistema jurídico entendido como conjunto de normas pero, por definición, sigue operando a través de normas generales, solo que, en cierto modo, menos vagas o ambiguas. La práctica jurídica algorítmica automatiza tareas jurídicas, pero siempre parte de entender estas tareas bajo el prisma de la solución de casos concretos a partir de normas generales.

Sin embargo, el derecho personalizado supone un auténtico cambio de paradigma, pues instaura un sistema normativo que opera a través de reglas eminentemente singulares, adaptadas a las características que individualizan al sujeto y las condiciones de aplicación, es decir, a las condiciones que deben darse para que se deba aplicar el contenido de la norma[52]. Diversos autores proponen emplear IA para crear un sistema de normas singulares, algo que no estaría al alcance de un legislador compuesto por seres huma-

---

50. SUSSKIND, R., *Transforming the Law, cit.*, p. 209.
51. ASHLEY distingue entre «modelos computacionales de razonamiento jurídico» (CMLR) y «modelos computacionales de argumentación jurídica» (CMLA) para señalar esta diferencia; *vid.* ASHLEY, K. D., *Artificial Intelligence and Legal Analytics, cit.*, p. 4.
52. VON WRIGHT, G. H., *Norma y acción. Una investigación lógica, cit.*, pp. 65-66.

nos[53]. Una de las propuestas más desarrolladas consistiría en que los seres humanos identificasen un objetivo político que la IA, atendiendo a una cantidad masiva de parámetros de la realidad, pudiese transformar en un conjunto inmenso de normas singulares, denominadas «microdirectivas» por CASEY y NIBLETT, cada una adaptada a las particularidades de cada situación concreta. Por esto, en lugar de un sistema jurídico formado por normas generales tendríamos un amplio sistema de normas singulares.

Los beneficios que se suelen asociar a este modelo son el aumento de la certeza jurídica y la mejora de la precisión y la justicia de las normas, ajustándolas a cada caso[54]. Con respecto a la primera, defensores de la personalización del derecho argumentan que al existir una norma singular para cada caso se elimina la incerteza derivada de la necesidad de interpretar las normas generales y de aplicarlas al caso concreto[55]. Con respecto a la precisión y la justicia, se afirma que las normas singulares podrán tomar en cuenta todos los aspectos de un caso, aumentando la precisión de la norma en lo que respecta a la consecución del propósito para el que se crea y adaptándose a todos los rasgos específicos de la persona y la situación concretas, de manera tal que se puedan tener en cuenta todos los atributos relevantes desde el punto de vista de la solución justa[56]. En este sentido, las normas singulares eluden las deficiencias de las normas generales, ya se presenten como reglas o como principios. Las reglas destacan ciertos aspectos de la realidad, pero tienden a despreciar diferencias potencialmente relevantes y, por ello, a equiparar situaciones que merecen una solución diferenciada. Los principios son vagos y exigen una concreción en el momento de la aplicación. Las reglas son imprecisas y los principios inciertos, mientras que las normas singulares son precisas y ciertas[57].

Debido a la entidad de los cambios operados en el derecho personalizado, parece razonable afirmar, como hacen CASEY y NIBLETT, que estaríamos ante «una nueva forma de derecho», afectando de manera radical a

---

53. MCGINNIS, J. O., WASICK, S., «Law's Algorithm», *cit.*, pp. 991-1050; ALARIE, B., «The Path of the Law», *cit.*, *passim*; CASEY, A.J., NIBLETT, A., «The Death of Rules and Standards», *cit.*, *passim*; BEN-SHAHAR, O., PORAT, A., *Personalized Law, cit.*, *passim*.
54. Sobre la seguridad jurídica, *vid., v.gr.*, ALARIE, B., «The Path of the Law», *cit.*, pp. 445-446; CASEY, A. J., NIBLETT, A., «The Death of Rules and Standards», *cit.*, p. 1405. Sobre el argumento de la precisión, *vid., v.gr.*, BEN-SHAHAR, O., PORAT, A., *Personalized Law, cit.*, pp. 39-42, 122.
55. ALARIE, B., «The Path of the Law», *cit.*, pp. 445-446; CASEY, A. J., NIBLETT, A., «The Death of Rules and Standards», *cit.*, p. 1405.
56. BEN-SHAHAR, O., PORAT, A., *Personalized Law, cit.*, pp. 39-42, 122.
57. CASEY, A. J., NIBLETT, A., «The Death of Rules and Standards», *cit.*, pp. 1407-1409.

la estructura de las normas jurídicas y al modo en que se gobierna el comportamiento de los seres humanos[58].

III. EL DERECHO PERSONALIZADO: IDEAL DE LA INTELIGENCIA ARTIFICIAL JURÍDICA

Para mostrar la tendencia del uso de IA jurídica hacia la propuesta del derecho personalizado resulta pertinente retomar la simplificación del derecho contemporáneo que se ha presentado al inicio del trabajo. El derecho opera a través de normas generales que regulan el comportamiento humano. Por ello, el razonamiento jurídico pivota alrededor de la subsunción de casos particulares en dichas normas generales. Este proceso de subsunción o clasificación implica diversas tareas, como la identificación de las normas relevantes o su interpretación.

En este contexto, la relación entre las categorías y los usos de IA jurídica se presenta tanto por la conexión entre medios como por la coincidencia de fines. Con respecto a los medios, los avances en ciertos usos de la IA jurídica pueden servir como apoyo para otros usos diferentes (de modo que existe cierta retroalimentación) y también como transformación del propio uso (convirtiéndose en un uso de cualidades diferentes). Con respecto a los fines, todos los usos pueden interpretarse como pasos dirigidos, de forma más o menos directa, a automatizar al menos algunas de las tareas necesarias para la subsunción del caso en la regla, esto con diversos propósitos como la reducción del trabajo necesario para la práctica jurídica o el aumento de la certeza jurídica. Bajo esta interpretación, todos los usos representan piezas cuyo desarrollo y ensamblaje conjunto podrían llevar a la identificación automática de la solución singular al problema jurídico concreto. Por eso, el derecho personalizado puede considerarse la «conclusión lógica» de la IA jurídica[59].

Con el propósito de justificar estas afirmaciones, el presente apartado se estructurará del siguiente modo. Primero, se describirá la relación entre el derecho formalizado y la práctica jurídica, señalando también la conexión entre los diversos usos catalogables como práctica jurídica algorítmica. Lo que se defenderá es que uno de los propósitos más destacados del derecho algorítmico es el de servir como medio para facilitar el desarrollo de la práctica jurídica algorítmica. Asimismo, se argumentará que la automatización del razonamiento jurídico es la cúspide de la práctica jurídica algorítmica, llevando esta categoría a su manifestación más perfecta. Después

---

58.   *Ibid.*, pp. 1410, 1447.
59.   COBBE, J., «Legal Singularity and the Reflexivity of Law», *cit.*, p. 110.

de esto, se procederá a argumentar por qué el derecho personalizado puede concebirse como el culmen de la IA jurídica.

1. EL DERECHO FORMALIZADO COMO PILAR DE LA PRÁCTICA JURÍDICA ALGORÍTMICA

En la literatura dedicada al derecho formalizado y a la práctica jurídica algorítmica pueden identificarse numerosas referencias a la relación existente entre ambas categorías[60]. De estas referencias puede concluirse que uno de los propósitos fundamentales del derecho formalizado siempre ha sido el facilitar la automatización del razonamiento jurídico y la solución de problemas jurídicos. Por eso puede afirmarse que existe una íntima conexión entre ambos fenómenos, manifestada en el modo en que el derecho formalizado se emplea para permitir, facilitar u optimizar la implementación de la práctica jurídica algorítmica. Además, los diferentes usos de la práctica jurídica algorítmica también guardan cierta relación. En este caso, la automatización del razonamiento jurídico puede concebirse como el uso más elevado dentro de dicha categoría. La búsqueda de información jurídica y los sistemas predictivos, debidamente perfeccionados, se aproximan gradualmente a la idea de automatización del razonamiento jurídico.

Las potencialidades de la representación formal del derecho fueron señaladas al menos ya en los años 50, principalmente como medio para identificar ambigüedades sintácticas en la legislación[61]. En este estadio, la

---

60. Un tratamiento adecuado de estas relaciones exigiría un detallado estudio histórico de la relación entre ambas categorías que va más allá del propósito de este trabajo. Cierta historia de la disciplina puede encontrarse en diversos trabajos de *Artificial Intelligence and Law*, tanto en el 25 como en el 30 aniversario de su creación; *vid.* BENCH-CAPON, T. *et al.*, «A history of AI and Law in 50 papers: 25 years of the international conference on AI and Law», *Artificial Intelligence and Law*, núm. 20, vol. 3, 2012, pp. 215-319; BENCH-CAPON, T., «Thirty years of Artificial Intelligence and Law: Editor's Introduction», *cit., passim*; GOVERNATORI, G. *et al.*, «Thirty years of Artificial Intelligence and Law: the first decade», *Artificial Intelligence and Law*, núm. 30, 2022, pp. 481-519; SARTOR, G. *et al.*, «Thirty years of Artificial Intelligence and Law: the second decade», *Artificial Intelligence and Law*, núm. 30, 2022, pp. 521-557; VILLATA, S. *et al.*, «Thirty years of artificial intelligence and law: the third decade», *Artificial Intelligence and Law*, núm. 30, 2022, pp. 561-591; ARASZKIEWICZ, M. *et al.*, «Thirty years of Artificial Intelligence and Law: overviews», *Artificial Intelligence and Law*, núm. 30, 2022, pp. 593-610. En general, los ejemplos que se presentan en este apartado se han extraído de los trabajos recogidos en estos comentarios aquí citados. Dado que estos comentarios pretenden ser representativos de la disciplina, puede afirmarse que estos ejemplos también lo son. Al partir de trabajos identificados como representativos por los principales autores del campo de la IA jurídica, la falta de un estudio histórico detallado no es tan problemática.

61. ALLEN, L. E., «Symbolic logic: A razor-edged tool for drafting and interpreting legal documents», *cit., passim.*

idea residía en que el legislador podía emplear algunas nociones elementales de lógica simbólica para reducir ciertas ambigüedades involuntarias de los textos legales. En este caso, no se empleaba un sistema de IA para transformar el texto inicial, sino que era el ser humano el que redactaba dicho texto con un lenguaje simbólico que redujese las ambigüedades.

Sin embargo, este modo de representar el derecho, igual que sucede con el resto de las manifestaciones del derecho formalizado, presenta unas potencialidades que van más allá de la clarificación de los textos jurídicos. Los intentos de automatizar el razonamiento jurídico se ven facilitados por los avances en el derecho formalizado porque al reducir el número de ambigüedades la posibilidad de automatizar la aplicación del derecho aumenta. Esta facultad del derecho formalizado como instrumento de facilitación del razonamiento jurídico automatizado ya fue señalada por LOMBARDI VALLAURI al tratar las posibilidades de los sistemas expertos jurídicos[62].

Diversos autores han destacado esta conexión entre el derecho formalizado y la práctica jurídica algorítmica. En los años 80, SERGOT *et al.* exploraron las posibilidades derivadas de la formalización de la *British Nationality Act*[63]. Los autores señalaban cómo la formalización de esa ley facilitaba la creación de un «programa lógico» que pudiese determinar de forma mecánica las consecuencias jurídicas imputables a un caso[64]. Esta formalización representaría «la convergencia de dos desarrollos históricamente independientes: por un lado, el análisis lógico de la legislación y, por otro, la computerización de la lógica»[65]. Es decir, la formalización del derecho, además de facilitar su análisis, permitiría la automatización del razonamiento jurídico, que es el propósito fundamental de lo que aquí se ha denominado «práctica jurídica algorítmica». Por supuesto, la formalización del derecho y la automatización de la práctica jurídica enfrentan numerosas dificultades, algunas de las cuales no eran desconocidas para SERGOT y sus colegas. Sin embargo, la conexión entre ambos enfoques esta ya explicitada en estos trabajos iniciales.

Más allá de la formalización, las ontologías jurídicas como instancia del derecho formalizado también están íntimamente relacionadas con la prác-

---

62. LOMBARDI VALLAURI, L., «Verso un Sistema Esperto Giuridico Integrale», *cit.*, p. 169.
63. SERGOT, M. *et al.*, «Formalisation of the British nationality act», *International Review of Law, Computers & Technology*, núm. 2, vol. 1, 1986, pp. 40-52; SERGOT, M. J. *et al.*, «The British Nationality Act as a logic program», *Communications of the ACM*, núm. 29, vol. 5, 1986, pp. 370-386.
64. SERGOT, M. J. *et al.*, «The British Nationality Act as a logic program», *cit.*, p. 370.
65. SERGOT, M. *et al.*, «Formalisation of the British nationality act», *cit.*, p. 40.

tica jurídica algorítmica. Esta relación ya fue señalada por BREUKER *et al.* en los años 2000, época en la que las ontologías jurídicas ganaron protagonismo[66]. Una ontología jurídica, en el sentido que se le otorga en el ámbito de la IA jurídica, es una taxonomía del vocabulario empleado en una determinada esfera, identificando de un modo u otro las relaciones entre diversos términos. Estas ontologías jurídicas sirven diversos propósitos, entre ellos la clarificación del significado de términos jurídicos. BREUKER *et al.* mencionan explícitamente el uso de las ontologías para «representar el conocimiento del dominio de modo que un razonador automático puede representar problemas y generar soluciones para esos problemas»[67]. Las ontologías jurídicas también se han identificado como una herramienta para mejorar otros casos de práctica jurídica algorítmica, como los sistemas de búsqueda de información jurídica[68]. En definitiva, estas también son usos de derecho formalizado valiosos para el desarrollo de la práctica jurídica algorítmica[69].

Además de la relación de reciprocidad entre derecho formalizado y práctica jurídica algorítmica, también existe cierta conexión entre los diferentes usos de la práctica jurídica algorítmica: la automatización del razonamiento jurídico es la manifestación más elevada de esta categoría. El desarrollo de sistemas de búsqueda de información jurídica basados en auténtico conocimiento jurídico puede concebirse como un primer paso hacia la automatización plena del razonamiento jurídico. Los sistemas de recuperación de información elementales basan la búsqueda en parámetros cuya relevancia jurídica para un caso concreto puede ser escasa (*v.gr.*, la reiteración de una determinada cadena de palabras). El paso de «sistemas de datos jurídicos» a «sistemas basados en conocimiento» no solamente mejora la calidad de los resultados obtenidos; además, es fundamental para poder avanzar desde la mera búsqueda de materiales relevantes a la conexión de dichos materiales con el caso concreto o la cuestión jurídica con-

---

66. BREUKER, J., VALENTE, A., WINKELS, R., «Legal Ontologies in Knowledge Engineering and Information Management», *cit.*, *passim*; BENCH-CAPON, T., «Thirty years of Artificial Intelligence and Law: Editor's Introduction», *cit.*, p. 476.

67. BREUKER, J., VALENTE, A., WINKELS, R., «Legal Ontologies in Knowledge Engineering and Information Management», *cit.*, pp. 244-245. *Vid.*, en un sentido similar, ASHLEY, K. D., *Artificial Intelligence and Legal Analytics*, *cit.*, p. 173.

68. *Vid.*, *v.gr.*, BREUKER, J., VALENTE, A., WINKELS, R., «Legal Ontologies in Knowledge Engineering and Information Management», *cit.*, p. 245; ASHLEY, K. D., *Artificial Intelligence and Legal Analytics*, *cit.*, p. 227.

69. Algo similar sucede con las redes jurídicas, al menos en lo relativo a la mejora de la búsqueda de información jurídica; *vid.* MCGINNIS, J. O., WASICK, S., «Law's Algorithm», p. 1019; ASHLEY, K. D., *Artificial Intelligence and Legal Analytics*, *cit.*, pp. 224, 231; SOLAR CAYÓN, J. I., *La inteligencia artificial jurídica*, *cit.*, p. 111.

creta[70]. La búsqueda de información es solamente una de las tareas de la práctica jurídica. En este proceso, el jurista humano todavía tiene una gran responsabilidad. Primero, porque tiene que identificar cuáles son las palabras indicadas para obtener un resultado satisfactorio en la búsqueda automatizada. Segundo, porque aun debe revisar los resultados obtenidos e identificar aquellos argumentos o partes de dichos resultados relevantes para la solución del caso concreto[71]. Para avanzar en la automatización de la práctica jurídica resulta esencial que la búsqueda de información jurídica devuelva resultados en los que se puedan identificar los motivos por los que dichos resultados se pueden relacionar con el caso o la cuestión jurídica. Estos motivos son, en cierto modo, parte del razonamiento jurídico que conecta el caso con los materiales jurídicos[72]. Por tanto, la búsqueda basada en «conocimiento jurídico» es una manifestación temprana de la automatización del razonamiento jurídico.

Los sistemas predictivos también se han relacionado con la automatización del razonamiento jurídico. Del mismo modo que los buscadores de información jurídica básicos emplean parámetros de escaso valor jurídico, la predicción de decisiones judiciales suele fundarse en aspectos del caso y de decisiones previas que no se relacionan necesariamente con el razonamiento jurídico que justifica la decisión[73]. Estas limitaciones podrían superarse a través de sistemas predictivos que incorporasen argumentos específicos dirigidos a justificar la predicción[74]. En este caso, la predicción se basaría, en cierto modo, en la explicitación de un razonamiento jurídico que podría justificar la decisión judicial. Por tanto, este uso se acercaría a la idea de la automatización del razonamiento jurídico. ENDICOTT y YEUNG emplean el término «micro-directivas judiciales» [*adjudicative micro-directi-*

---

70. SUSSKIND, R., *Transforming the Law, cit.*, pp. 178-180, 158-189.
71. YOON, A. H., «The Post-Modern Lawyer», *cit.*, p. 467; ASHLEY, K. D., *Artificial Intelligence and Legal Analytics, cit.*, pp. 257-258.
72. ASHLEY, K. D., *Artificial Intelligence and Legal Analytics, cit.*, p. 233. ASHLEY también relaciona la búsqueda basada en conocimiento con la posibilidad de mejorar los sistemas predictivos.
73. *Ibid.*, pp. 107, 112; ENDICOTT, T., YEUNG, K., «The Death of Law? Computationally Personalized Norms and the Rule of Law», *University of Toronto Law Journal*, núm. 72, vol. 4, 2022, p. 389. ASHLEY emplea, a modo de ejemplo, el trabajo de ALETRAS *et al.; vid.*, ALETRAS, N. *et al.*, «Predicting Judicial Decisions of the European Court of Human Rights: A Natural Language Processing Perspective», *PeerJ Computer Science*, núm. 2, vol. e93, 2016, pp. 1-19. En este, los parámetros que se emplean para predecir una decisión guardan poca relación con el razonamiento jurídico que justifica la decisión judicial. Para una crítica de este y otros aspectos de la propuesta de ALETRAS *et al., vid.* PASQUALE, F., CASHWELL, G., «Prediction, persuasion, and the jurisprudence of behaviourism», *University of Toronto Law Journal*, núm. 68, vol. Supplement 1, 2018, pp. 63-81.
74. ASHLEY, K. D., *Artificial Intelligence and Legal Analytics, cit.*, pp. 114-115.

ves] para referirse a predicciones realizadas por *machine learning* acerca de cómo se hubiesen aplicado las reglas generales a un caso novedoso que, en su momento, podría sustituir a la propia aplicación de dichas reglas generales por parte del juez[75]. El problema que asocian a esta técnica sería la ausencia de una justificación razonada, eludiendo entonces la exigencia de «agencia pública» que requiere las decisiones de las autoridades públicas estén basadas en razones[76]. Si este fuese el único problema de las micro-directivas judiciales, la incorporación de argumentos desarrollados por la propia IA jurídica sería la solución necesaria para despejar la sustitución de seres humanos por sistemas de IA.

Este paso de la predicción a la automatización del razonamiento jurídico está íntimamente relacionado con la hipótesis del reemplazo de los jueces y juezas humanos por jueces IA[77]. Esta relación se aprecia de forma clara en la propuesta de VOLOKH. Para él, el criterio fundamental para evaluar el desempeño de un sistema de IA como juez es la capacidad de persuadir con los argumentos ofrecidos. Por tanto, para poder defender el remplazo de jueces humanos por jueces IA no basta con que un sistema prediga cuál sería la decisión de un juez (esto es lo que harían las «micro-directivas judiciales» en el ejemplo de ENDICOTT y YEUNG), sino que resulta necesario que el sistema ofrezca opiniones persuasivas, en la forma de razonamientos jurídicos.

Dentro de la práctica jurídica algorítmica, entonces, puede afirmarse que la automatización del razonamiento jurídico es el estadio superior y la búsqueda de información jurídica y los sistemas predictivos automatizan tareas parciales de la práctica jurídica[78].

---

75. ENDICOTT, T., YEUNG, K., «The Death of Law?», *cit.*, p. 380.

76. *Ibid.*, pp. 393-398.

77. *Ibid.*, p. 390; VOLOKH, E., «Chief Justice Robots», *cit.*, *passim*. Algo similar sucede con los sistemas de preguntas y respuestas jurídicas, que podrían concebirse como buscadores de información jurídica que, más allá de identificar las fuentes relevantes, ofrecen una solución específica para una búsqueda formulada como pregunta e incluso incorporan argumentos para justificar dicha respuesta; *vid.*, *v.gr.*, SUSSKIND, R., *Tomorrow's Lawyers: An Introduction to Your Future*, 2.ª ed., Oxford University Press, Oxford 2017, pp. 54-55. YOON describe estos sistemas como aplicaciones que *buscan* los textos jurídicos relevantes para la pregunta, *predicen* la respuesta más probable a la pregunta y «señala de forma específica los pasajes que apoyan esta decisión», es decir, ofrecen cierto tipo de *justificación* a la decisión; *vid.* YOON, A. H., «The Post-Modern Lawyer», *cit.*, p. 467.

78. ASHLEY defiende una idea similar, al considerar los CMLA, los sistemas de práctica jurídica algorítmica que ofrecen argumentos, como la «culminación» del desarrollo de la IA jurídica; *vid.* ASHLEY, K. D., *Artificial Intelligence and Legal Analytics*, *cit.*, pp. 33, 164-165.

En conclusión, el derecho formalizado y la práctica jurídica algorítmica están íntimamente relacionadas. El primero facilita la automatización de las tareas del razonamiento jurídico; es decir, cuanto mayor es la formalización del derecho, en principio, más sencillo resultará desarrollar la práctica jurídica algorítmica. Además, las diferentes instancias de la práctica jurídica algorítmica, apoyadas por los diferentes usos del derecho formalizado (representación formal del derecho, ontologías jurídicas, etc.), pueden concebirse como estadios de una automatización de tareas jurídicas cuya manifestación más completa sería la automatización del razonamiento jurídico.

2. EL DERECHO PERSONALIZADO COMO CULMEN DEL PROPÓSITO DE LA INTELIGENCIA ARTIFICIAL JURÍDICA

La relación de la IA con la personalización es perceptible actualmente en numerosos usos cotidianos. YEUNG ha identificado la personalización masiva como una nueva manifestación de la producción, ocasionada por los avances en IA, en la que los servicios se adaptan a las particularidades del individuo[79]. No es de extrañar que en el ámbito jurídico la IA también actúe como instrumento para la personalización del derecho, existiendo diversas manifestaciones de dicha personalización.

Como se ha reiterado a lo largo de este trabajo, es posible concebir la práctica jurídica como un conjunto de tareas dirigidas a identificar la solución de un caso particular a partir de normas generales. Esta práctica implica entonces la transformación de un conjunto de normas generales en una norma singular que resuelva el caso. Por este motivo, es posible afirmar que el propósito rector de la IA jurídica es la personalización o customización de los servicios jurídicos. Parafraseando a ASHLEY, la IA jurídica podría asumir la tarea de ajustar las soluciones jurídicas al problema particular que haya de resolverse[80]. En este estadio, los materiales jurídicos mantienen su forma de normas generales y la IA jurídica se encarga de transformarlos (o al menos de ayudar a juristas a transformarlos) en normas particulares que resuelven el caso. Esta concepción de la IA jurídica y, en concreto, de la práctica jurídica algorítmica, la aproxima a la idea de un derecho personalizado, pues las normas generales irían perdiendo relevancia y el resultante singularizado del uso de IA jurídica iría ganando protagonismo.

En el anterior apartado se ha argumentado que la manifestación más completa de la práctica jurídica algorítmica es la automatización del razonamiento jurídico. En este uso, un sistema de IA automatiza la transforma-

---

79.   YEUNG, K., «Five Fears about Mass Predictive Personalisation in an Age of Surveillance Capitalism», *cit.*
80.   ASHLEY, K. D., *Artificial Intelligence and Legal Analytics, cit.*, pp. 35, 355.

ción de normas generales en normas singulares para resolver un caso concreto y ofrece una justificación de dicha operación. Esto es lo que ha llevado a varios autores a defender que la IA jurídica podría sustituir a los jueces, puesto que las tareas de la práctica jurídica serían, *ex* hipótesis, completamente automatizadas. Partiendo de esta situación, no extraña que algunos autores se hayan preguntado si sería posible prescindir completamente de las reglas generales e idear un sistema compuesto exclusivamente por normas singulares que tuviesen en cuenta todas las particularidades relevantes del caso concreto, no solamente aquellas recogidas en las normas generales[81].

En cierto modo, al desarrollarse, la práctica jurídica algorítmica genera la posibilidad de retomar la transformación de los materiales jurídicos desde una perspectiva diferente al derecho formalizado. Así lo señalan MCGINNIS y WASICK con respecto a la búsqueda automatizada al afirmar que «una búsqueda lo suficientemente potente puede convertirse, en un sentido relevante, en el derecho mismo» si se elimina cualquier «ruido» que dificulte la identificación de la solución más adecuada[82]. Ciertas transformaciones de la práctica se desarrollan entonces hasta un punto en que estas se trastruecan en transformaciones en los materiales jurídicos, volviendo al enfoque del derecho formalizado desde una nueva perspectiva en la que la personalización se convierte en característica definitoria.

Como se ha mencionado, la propuesta del derecho personalizado se justifica por supuestas mejoras en la certeza jurídica y en la precisión y justicia de las normas. La afirmación de que un sistema de derecho personalizado, de ser técnicamente posible, mejoraría la justicia y la certeza de los actuales sistemas jurídicos basados en normas generales merece una valoración más detallada, explorando también la posibilidad de que otros valores asociados al derecho estén en peligro debido a esta transformación. Sin embargo, lo que se ha de destacar en el contexto de este trabajo es que el interés por incrementar la certeza jurídica y la justicia de los sistemas jurídicos está presente ya en otras aplicaciones de la IA jurídica. El derecho

---

81.   Por supuesto, existen motivos para defender que esta algoritmización de la práctica jurídica, al menos en lo que respecta a la labor judicial, tendría consecuencias negativas para el derecho; *vid., v.gr.,* HILDEBRANDT, M., «Algorithmic Regulation and the Rule of Law», *cit., passim;* HILDEBRANDT, M., «Law as computation in the era of artificial legal intelligence: Speaking law to the power of statistics», *cit., passim;* HILDEBRANDT, M., «Code-driven law: Freezing the future and scaling the past», DEAKIN, S. y MARKOU, C. (eds.), *Is Law Computable?: Critical Perspectives on Law and Artificial Intelligence,* Hart, Oxford 2020, pp. 67-83.

82.   MCGINNIS, J. O., WASICK, S., «Law's Algorithm», *cit.,* pp. 1013, 1022-1026. Los autores afirman que las predicciones también se transforman en derecho positivo de un modo similar.

personalizado sería en este sentido el modelo óptimo para la consecución de dichos objetivos.

Esta coincidencia de propósitos se puede observar con el derecho formalizado. La representación formal de textos jurídicos, como ya se ha señalado, se ha vinculado desde su origen con la clarificación de ambigüedades, reduciendo de este modo la incerteza acerca del significado de las normas jurídicas. Algo similar cabe decir de las ontologías jurídicas, que permiten clarificar el significado de conceptos jurídicos y las relaciones entre estos, por ejemplo, indicando qué términos pueden concebirse como subsumidos en otros más generales[83]. La incorporación de conocimiento jurídico presente en decisiones judiciales cumple un rol similar, clarificando los textos jurídicos de acuerdo con las interpretaciones autorizadas realizadas por los tribunales. Incluso la relación del derecho formalizado con la práctica jurídica algorítmica destaca este interés por la certeza jurídica: puede suponerse que, según sus defensores, el derecho formalizado facilita la práctica jurídica algorítmica porque cuanto más unívoco es el significado de los textos jurídicos más sencillo es automatizar su aplicación.

El derecho formalizado, por clarificado que pudiese estar, todavía estaría abierto a ciertos tipos de indeterminación, como los derivados de la necesidad de conectar las condiciones de aplicación generales de la norma con los hechos particulares de la realidad del problema jurídico con el que se está tratando[84]. Este problema, por definición, no existiría en el derecho personalizado. El derecho formalizado tampoco alcanzaría el ideal de justicia, porque por más que se especificasen los parámetros generales que componen la norma, estos siempre mantendrían su carácter general, por lo que siempre existiría la posibilidad de que ciertos aspectos singulares del caso fuesen relevantes y, aun así, no se tuviesen en cuenta en las normas. Por ello, para sus defensores, el derecho personalizado supondría una mejora con respecto al derecho formalizado, siempre que la comparación se refiera al grado de certeza jurídica y justicia alcanzado.

La práctica jurídica algorítmica también se puede relacionar con estos propósitos. D'AMATO señaló en los inicios de la disciplina de la IA jurídica que el uso de «jueces computadora» reduciría la incerteza de las decisiones judiciales y podría ofrecer soluciones más imparciales, evitando los sesgos y prejuicios de los jueces humanos[85]. Dado que los «jueces computadora» son aplicación de la automatización del razonamiento jurídico, puede rela-

---

83. ASHLEY, K. D., *Artificial Intelligence and Legal Analytics, cit.,* p. 172. Para que esta clarificación fuese efectiva, las ontologías deberían tener carácter autoritativo.
84. MACCORMICK, N., *Legal Reasoning and Legal Theory, cit.,* pp. 93-97.
85. D'AMATO, A., «Can/should computers replace judges?», *cit.,* pp. 1300-1301.

cionarse el avance con respecto a esos dos propósitos con la automatización del razonamiento jurídico en general. En cualquier caso, el incremento de la imparcialidad siempre estaría limitado por la propia forma de las reglas generales, puesto que las soluciones automatizadas basadas en reglas generales no podrían adaptarse a las particularidades del caso concreto. Por ello, las limitaciones de la práctica jurídica algorítmica podrían superarse con el derecho personalizado, pues la idea sería que la IA podría identificar todos los parámetros relevantes para la determinación de la norma más justa y precisa e incorporarlos en una condición de aplicación compleja y singularizada.

En conclusión, el derecho personalizado puede concebirse como la culminación de la IA jurídica porque es en ese fenómeno en el que algunos de los principales propósitos genéricos del uso de IA en el derecho adquieren su plasmación más refinada. El derecho personalizado es, parafraseando a COBBE, la conclusión razonable de la IA jurídica[86]. Por esto mismo, el derecho formalizado y la práctica jurídica algorítmica son manifestaciones en las que ese ideal del derecho personalizado se presenta de manera latente.

IV. CONCLUSIÓN

En su reciente libro sobre internet, SMITH afirma, en referencia a la telecomunicación e internet, que la idea como tal precedió por siglos a la posibilidad[87]. Algo similar sucede con la IA jurídica y, específicamente, con el derecho personalizado. Además, cabría afirmar que la idea preexistente prefigura la posibilidad, afectando de algún modo a cómo esta se manifestará.

La idea de la IA jurídica es antigua. Generalmente se menciona a Leibniz como precursor de la propuesta de computar el derecho[88]. La historia del derecho personalizado comienza antes, al menos en las ideas de PLATÓN acerca del imperio de la ley como «segundo recurso» frente a un ideal que sería el del gobierno del filósofo-rey a través de normas singulares adaptadas con precisión a lo que conviene a cada individuo[89]. PLATÓN, de hecho,

---

86.   COBBE, J., «Legal Singularity and the Reflexivity of Law», *cit.*, p. 110.

87.   SMITH, J. E. H., *The Internet Is Not What You Think It Is: A History, a Philosophy, a Warning*, Princeton University Press 2022, p. 74.

88.   *Vid., v.gr.,* DEAKIN, S., MARKOU, C., «From Rule of Law to Legal Singularity», DEAKIN, S. y MARKOU, C. (eds.), *Is Law Computable?: Critical Perspectives on Law and Artificial Intelligence*, Hart Publishing, Oxford, Nueva York 2020, pp. 9-14.

89.   PLATÓN, «Político», *Diálogos*, traducción de RICO GÓMEZ, M., Centro de Estudios Políticos y Constitucionales, Madrid, 2007. 294b-295b; CREGO, J., «La singularidad jurídica y el retorno del filósofo-rey: potenciales consecuencias para el imperio de la ley y la democracia», *Persona y Derecho*, núm. 85, 2021, pp. 249-281.

ofrece argumentos muy similares a los que actualmente se emplean para justificar el derecho personalizado, como cuando señala que «una ley no podría nunca abarcar a un tiempo con exactitud lo ideal y más justo para todos», al no tener en cuenta las particularidades de cada individuo y cada acto.

La descripción de esta tendencia hacia la personalización del derecho pretende servir para reclamar la importancia de una pregunta clásica en la filosofía del derecho: ¿debemos gobernar nuestras comunidades a través de reglas generales o a través de normas singulares? PLATÓN se planteó esta pregunta en el *Político* y ARISTÓTELES la reformuló como el dilema entre el gobierno del mejor hombre o el gobierno de las mejores leyes[90]. En el siglo XXI, este dilema debe reformularse para cuestionarse si es mejor el gobierno de los mejores sistemas de IA, a través de normas personalizadas, o el gobierno a través de reglas generales. En definitiva, se trata de cuestionarse cuál es el valor de un sistema de reglas generales para la ordenación de la conducta humana. Además, esta cuestión debe plantearse con las especificidades del contexto en el que nos encontramos. La idea de generalidad y la idea de personalización asociadas al derecho seguramente tengan un significado distinto y hayan cumplido funciones diferentes dependiendo de las peculiaridades de cada período histórico. Por eso, reformular el dilema genérico en el marco concreto de las sociedades contemporáneas y del uso de IA permitirá evitar abstracciones peligrosas que podrían nublar el juicio relativo a la conveniencia de uno u otro modelo de ordenación de la sociedad.

Este trabajo se ha limitado a señalar una tendencia hacia la personalización del derecho, tendencia que, además, se manifiesta de forma imperfecta en usos actualmente existentes de la IA jurídica. Sin embargo, no se ha clarificado la naturaleza de esta tendencia. Este asunto puede formularse a partir de ciertas preguntas típicas de la filosofía de la tecnología como, por ejemplo, si tenemos la capacidad de influir en el desarrollo de la tendencia hacia la personalización del derecho o estamos ante un resultado inevitable o cuáles son las fuerzas que motivan la tendencia descrita hacia la personalización del derecho[91]. El enfoque propuesto ha tenido por pre-

---

90. ARISTÓTELES, *Política*, traducción de MARÍAS, J. y ARAÚJO, M., Centro de Estudios Políticos y Constitucionales, Madrid 2005, 1286a.
91. *Vid., v.gr.,* FEENBERG, A., «What Is Philosophy of Technology?», DAKERS, J. R. (ed.), *Defining Technological Literacy: Towards an Epistemological Framework*, Palgrave Macmillan, Nueva York, Houndmills, 2006, pp. 159-166; JONAS, H., «Toward a Philosophy of Technology», SCHARFF, R. C. y DUSEK, V. (eds.), *Philosophy of Technology: The Technological Condition. An Anthology*, Wiley Blackwell, Malden, Oxford 2014, pp. 210-223.

misa el rechazo al determinismo o al fatalismo tecnológico, asumiendo la posibilidad de una acción colectiva que permita reenfocar o, de ser necesario, paralizar el desarrollo de la tendencia. No se ha sustanciado la cuestión de la conveniencia de implementar un derecho personalizado. Sin embargo, es cierto que una motivación de este estudio ha sido la constatación de que este modelo no solo es teórica y técnicamente discutible, sino que además es también políticamente indeseable. Tampoco se ha clarificado cuáles son las fuerzas que motivan esta tendencia. Durante el trabajo se ha señalado que algunos de los propósitos motores del uso de la IA jurídica son los que permiten concebir el derecho personalizado como la culminación de un proceso. Sin embargo, la certeza jurídica y la justicia acompañan en este caso otros propósitos paradigmáticos del uso de la tecnología, generalmente velados tras la idea de «eficiencia».

Este trabajo tampoco está inspirado por un rechazo pesimista a cualquier uso de la IA jurídica. Los beneficios derivados de ciertos usos son actualmente difíciles de desestimar. Futuros avances en la disciplina pueden resultar también sumamente beneficiosos desde los más diversos puntos de vista. La intención general de este trabajo ha sido contribuir a una valoración crítica del uso de IA jurídica, con una perspectiva enmarcada en los grandes debates de la filosofía del derecho y, a la vez, en las particularidades de esta propuesta y las interconexiones entre sus diversas manifestaciones.

Capítulo 5

Decisiones automatizadas, derecho e inteligencia artificial [1]

Manuel Rodríguez Puerto
Profesor Titular de Filosofía del Derecho
Universidad de Cádiz

SUMARIO: I. ¿HAY DECISIONES AUTOMÁTICAS EN EL DERECHO? II. DERECHO Y AUTOMATISMO. III. LA IA JURÍDICA: ALCANCES Y LIMITACIONES. IV. DIFICULTADES PARA AUTOMATIZAR. V. REGULACIÓN DE LA AUTOMATIZACIÓN.

I. ¿HAY DECISIONES AUTOMÁTICAS EN EL DERECHO?

En los años ochenta del pasado siglo Regina OGOREK publicó un libro titulado *¿Autómata subsumidor o Juez-rey?* En él hacía un estudio minucioso de las discusiones metodológicas en la ciencia jurídica alemana de la primera mitad del siglo XIX y mostraba las discusiones entre defensores de una aplicación lo más literal posible de la ley y los escépticos ante tal posi-

---

1. Este capítulo es resultado del Proyecto de Investigación financiado Derecho e Inteligencia Artificial: nuevos horizontes jurídicos de la personalidad y la responsabilidad robótica; Ref. PID2019-103669RB-100/AEI/10.13039/501100011033; del que es investigadora principal la Dra. Margarita Castilla Barea.
    Este capítulo se redactó poco antes de la aprobación del Reglamento UE de Inteligencia Artificial y del RD 6/2023, de 19 de diciembre que se ocupa, entre otras cosas del empleo de la IA por parte de los jueces, de ahí que haga referencia a la futura regulación. El contenido no ha variado sustancialmente con la norma aprobada definitivamente.

bilidad[2]. Recordemos que la imagen de un jurista, y especialmente del juez, autómata, estaba difundida en la Modernidad ilustrada; pensemos en los ideales descritos por MONTESQUIEU o BECCARIA en el que el juez desempeña una función automática en aras de la defensa de la certeza en el derecho: el poder legislativo monopoliza la producción del derecho y los juristas se limitan a trasladar al caso concreto la prescripción legal.

El debate sobre esa posibilidad es arduo y la aparición de la IA jurídica ha introducido nuevas dimensiones en él. En efecto, un sector de esta tecnología es denominado IA jurídica, porque sus programas y sistemas llevan a cabo funciones que han sido propias hasta ahora de un jurista; cabe preguntar entonces si, gracias a la IA, es posible emitir en el derecho decisiones completamente automatizadas que, entre otras cosas, harían realidad la vieja imagen del juez propugnado por los ilustrados. Sin embargo, responder a esta cuestión requiere tener claras dos cuestiones: en primer lugar, si el derecho puede ser automatizado y, en segundo lugar, si un proceso automático puede ser denominado decisión; planteado de otro modo: ¿Puede decidir la actual IA?

II. DERECHO Y AUTOMATISMO

Conviene comenzar recordando algo que resulta obvio: el concepto «decisión automática» es una contradicción en los términos. En efecto, toda decisión implica la existencia de alternativas y elecciones y de un sujeto decisorio. En aquellas situaciones en las que el curso de un acontecimiento se deriva de manera necesaria e ineludible desde unas reglas, axiomas, principios, etc., y no cabe elegir entre alternativas, no hay una decisión. Precisamente el derecho está lleno de decisiones dotadas de esas características. Gregorio ROBLES ha puesto de manifiesto que el derecho se produce a golpe de decisiones que conforman sus diferentes niveles. Los componentes del ordenamiento jurídico proceden de los diferentes órganos con competencia para crear normas: desde la decisión constitucional hasta la procedente del órgano administrativo. Además, a partir de esos textos, que componen el ordenamiento, los juristas «científicos» o «dogmáticos» conforman un sistema también mediante decisiones. Y es que los diversos textos que componen la realidad del derecho (lo que ROBLES denomina «ámbito») no son deducibles de manera mecánica desde axiomas o principios supremos; en todos esos diferentes niveles, la decisión jurídica se compone de elementos que implican complejidad; es necesario que exista un

---

2.   *Vid.* OGOREK, R., *Richterkönig oder Subsuntiomsautomat? Zur Justizlehre im 19. Jahrhundert*, Vittorio Klostermann, Frankfurt a.M. 1986.

sujeto decisor, alternativas para que opte entre ellas, las circunstancias que componen la decisión, los fines perseguidos al decidir, los medios, la valoración de fines y medios, la jerarquía de criterios utilizados en las valoraciones[3]. La presencia de esos elementos (cuyo peso en la decisión es variable según el caso en el que nos encontremos) imposibilita que la decisión jurídica pueda ser algo automático. A cada paso, aparece la necesidad de decisión. Incluso, como subraya ROBLES, en los asuntos simples en los que no parece haber alternativas está presente el operador jurídico que finalmente decide dar esa solución simple.

Es cierto que la interrelación de las sucesivas decisiones jurídicas también puede verse como una sucesión de concreciones, pero en numerosas ocasiones esas concreciones están lejos del automatismo. Arthur KAUF-MANN señalaba que el derecho se realiza en diferentes niveles. El primero, está formado por principios jurídicos y tiene un carácter abstracto-general y suprapositivo y suprahistórico. El segundo es concreto-general, formal positivo e histórico y está formado por las leyes vigentes. El tercero, finalmente, es el de la decisión jurídica y material-positiva: es el derecho de la historicidad concreta y lo más cercano al ser del derecho[4]. Aunque para KAUFMANN el nivel de la decisión propiamente dicha sea el tercero, creo que podemos afirmar que el paso sucesivo a los diferentes niveles implica decisiones que concretan lo jurídico a partir de diferentes incitaciones, que requieren la captación de elementos tan variados como principios, valores y situaciones históricas. Esta peculiaridad de lo jurídico fue puesta de manifiesto desde los inicios de la ciencia jurídica europea, que tiene lugar con el nacimiento del *ius commune* en la Bolonia de fines del s. XI. La concepción de lo jurídico que sustentaba esa *iurisprudentia,* elaborada por teólogos y juristas, partía de la existencia de principios jurídicos supremos e indiscutibles (ley natural), pero era consciente al tiempo de la imposibilidad de deducir lo jurídico concreto desde los principios universales. Santo Tomás DE AQUINO expresaba esta mentalidad con precisión cuando trataba de la elaboración de las leyes humanas desde la ley natural: a veces podían deducirse, pero la mayoría surgían «por derivación»: las decidía el legislador respetando el marco de los principios de la ley natural, pero atendiendo sobre todo a las exigencias del bien común inevitablemente ceñidas a las circunstancias propias de cada sociedad. Posteriormente, la derivación de la solución jurídica concreta (que Tomás llama *ius*) también requería adap-

---

3. Cfr. ROBLES, G., *Teoría del Derecho. Fundamentos de Teoría Comunicacional del Derecho.* Vol. III, Civitas, Cizur Menor 2021, pp. 74 y ss.
4. Cfr. KAUFMANN, A., *Analogie und Natur der Sache,* Decker und Müller, Heidelberg 1982, p. 12.

taciones al caso concreto de la prescripción general contenida en la ley[5]. Tomás no hacía sino reelaborar lo expuesto por Aristóteles, quien por un lado recomendaba juzgar según leyes y al tiempo reconocía la insuficiencia inevitable de reglas generales para regular los asuntos humanos, siempre variables y circunstanciados[6].

Es importante resaltar la amplitud de ese abanico de decisiones jurídicas. Normalmente los estudios sobre la decisión jurídica se han centrado en las decisiones aplicadoras de normas legales a cargo de jueces y Administración (sobre todo el primer tipo). Y en ese plano el debate se centra en la posibilidad de derivar la solución jurídica concreta desde la norma general. Como señalaba más arriba, el ideal ilustrado concebía esa operación de una manera mecánica y deductiva, automatizada, en suma. La discusión que este asunto ha producido en la metodología jurídica llena decenas de miles de páginas. Lo cierto es que no hay una solución unívoca. Efectivamente, a veces la prescripción general contenida en la norma cubre sin problemas el caso concreto: el tráfico jurídico cotidiano funciona en buena parte de esa manera; si no existieran significados compartidos a salvo de puesta en cuestión sería imposible la vida social organizada por normas jurídicas[7]. No obstante, existe también una cantidad considerable de situaciones en las que la inclusión de las mismas bajo el paraguas regulatorio no está del todo claro; en estos casos entra en acción la discusión sobre las posibles interpretaciones de la norma, valoraciones de los hechos o estimaciones varias sobre las consecuencias previstas por el orden jurídico (cálculo de una indemnización, cuantía de una sanción, etc.).

En esta segunda vertiente de lo jurídico aparece lo que Aleksander PEZCENIK denomina el salto (*Sprung*) entre lo prescrito en general y la solución para el caso que impide deducción desde la primera al segundo; en estos supuestos no hay una respuesta correcta única y es preciso recurrir al aporte

---

5.   Cfr. AQUINO, T. DE, *Summa Theologiae*, I-II, q. 94 y ss. y II-II, q. 57. Consultada en la edición digital de corpusthomisticum.org. Un estudio sobre la manera de razonar de los juristas del *ius commune* lo ofrece CARPINTERO, F., «El método de los juristas medievales», *Anuario de Historia del Derecho Español*, (1982). Sobre el carácter abierto de las gradaciones desde la ley natural hasta el derecho concreto en Tomás de Aquino *vid.* CARPINTERO, F., *Los fundamentos de la justicia: Tomás, de Aquino, y los otros escolásticos*, Libros Olejnik, Santiago de Chile 2021.

6.   *Vid.* Aristóteles, *Ética a Nicómaco*, trad. de J. Pallí, Gredos, Madrid, libro V.

7.   Los defensores del formalismo interpretativo subrayan la realidad de este tipo de situaciones frente a las teorías interpretivistas, que disuelven la norma en las múltiples interpretaciones posibles. No obstante, abogar por una aplicación literal de la norma, en aras de la seguridad jurídica, no implica un automatismo ciego, sino que exige un jurista consciente del valor de la certeza y capaz de entender significados normativos. *Vid.* una defensa de ese modelo en LAPORTA, F., *El imperio de la ley*, Trotta, Madrid 2007.

de argumentos plurales. Pero PECZENIK señala algo importante. Los asuntos rutinarios son resueltos por los jueces mediante puntos de vista internos al propio orden jurídico desde los que extraer la mejor respuesta posible según el paradigma jurídico, las fuentes y valores que sustentan ese ordenamiento[8]. Es decir, los casos que consideramos simples lo son porque la solución que deriva inmediatamente del significado más usual de la norma es acorde con los principios y valores que dan sentido a la institución que está en juego en esa decisión. Tampoco surge de manera automática, salvo situaciones extremadamente sencillas en las que la aplicación requiere operaciones aritméticas, como en algunas vertientes del Derecho Tributario.

Desde luego, en buena parte del orden jurídico la existencia (innegable) de significados compartidos hace innecesario poner en cuestión constantemente el significado normativo. Pero esa relativa facilidad para obtener la solución desde la regla general requiere la presencia de un horizonte de significados que a su vez requiere de unos presupuestos y principios sin los cuales no es posible esa facilidad. La Hermenéutica jurídica ha puesto de manifiesto la relevancia de un horizonte que hace posible la comprensión y del que depende en última instancia que consideremos un caso como fácil o difícil. Uno de sus representantes más conspicuos, Arthur KAUFMANN, escribía que el derecho no puede identificarse sin más con una norma abstracta y fijada de una vez por todas, sino que es primariamente un acontecimiento real, necesitado de la dirección de la norma, pero no idéntico a ésta. KAUFMANN indica que ni siquiera la ley es algo fijo, sino una posibilidad del derecho, una *dínamis* en sentido aristotélico[9]. Es acción y decisión justa en la situación concreta[10].

Cuando esa decisión sobre la solución jurídica no se derive de la ley de manera sencilla, habrán de entrar en juego diversos instrumentos más o menos racionales para colmar el espacio entre la generalidad de la norma y los aspectos concretos del caso. La naturaleza de tales instrumentos ha sido uno de los principales objetos de estudio de la ciencia jurídica. Ya los juristas del *ius commune* dedicaron estudios a desentrañar las razones que

---

8.   Cfr. PECZENIK, A., *Grundlagen der juristischen Argumentation*, Springer, 1987, pp. 157 y 224.

9.   Cfr. KAUFMANN, A., «Die ipsa res iusta», en ID., *Beiträge der juristischen Hermeneutik*, Colonia, Carl Heymann, 1984, pp. 59 y 61.

10.   Cfr. KAUFMANN, A., *Rechtspositivismus und Naturrecht in erkenntnis-theoretischer Sicht, en ID., Rechtsphilosophie im Wandel*, Colonia, Carl Heymann, 1984, p. 126. Por otra parte, el concepto de concreción en el derecho es tema complejo que puede referirse a aspectos diferentes de la realidad jurídica como la cercanía a la realidad frente a la abstracción, lo específico, lo individual, etc., como nos recuerda Karl Engisch. *Vid. Die Idee der Konkretisierung in Recht und Rechtswissenschaft unserer Zeit*, Carl Winter, Heidelberg 1953, pp. 64 y ss.

intervenían en la *interpretatio iuris* y desde entonces la bibliografía ha crecido hasta ser ya inabarcable. No es posible entrar ahora en la cuestión, pero es llamativo que diferentes escuelas y teorías jurídicas coincidan en señalar que la determinación de la solución concreta no puede resolverse de una manera mecánica, con independencia del carácter del instrumental empleado para solventar el problema. Desde el Positivismo jurídico Hans KELSEN afirmaba que la ley sólo determinaba parcialmente el contenido de una sentencia (una norma jurídica individual de rango inferior), porque la ambigüedad del lenguaje impide un significado unívoco en la ley. Por otra parte, no existe ningún método que proporcione un resultado seguro a la aplicación del contenido de la ley; el juez dispone de una variedad de criterios de carácter extrajurídico para esa labor: moralidad, juicios sociales de valor, intereses políticos, etc[11]. Positivistas de otras corrientes, como el realista Alf ROSS o los normativistas H.L.A. HART o Norberto BOBBIO, también reconocerán la inexistencia de un método preciso para resolver todas las cuestiones aplicativas; y afirmarán también la carencia de una razón práctica que permita justificar objetivamente las decisiones integradoras de los huecos normativos; la elección de la solución del caso está motivada por factores en última instancia subjetivos y sentimentales[12].

Aquellas corrientes que, como la Hermenéutica jurídica, sí afirmen la posibilidad de racionalizar (sin aspirar a la objetividad absoluta) las aplicaciones abiertas de la norma, también reconocerán que esa justificación carece de las certezas y precisiones de un método. El motivo es la apertura de lo jurídico a elementos contextuales que impiden la exactitud. Como ha señalado Giuseppe ZACCARIA, el derecho no es sólo un conjunto de proposiciones normativas, sino que también hace referencia a situaciones concretas, a un «umbral prelingüístico» al que pertenecen las cosas de las que el derecho se ocupa. Junto a esas situaciones, los contextos del derecho abarcan también instituciones, precedentes judiciales, principios de moralidad política de la comunidad...[13]. Un conjunto complejo que provoca decisiones igualmente complejas[14].

---

11. Cfr. KELSEN, H., «Zur Theorie der Interpretation», *Internationale Zeitschrift für Theorie des Rechts*, 9, (1929), pp. 10 y ss.
12. Cfr. ROSS, A., *Sobre el derecho y la justicia*, trad. de Genaro Carrió, EUDEBA, Buenos Aires 1963, pp. 76 y ss. 101. HART, H. L. A., *El concepto de derecho*, trad. de G. R. Carrió, Buenos Aires, Abeledo-Perrot, 1968, pp. 158-160, 169. BOBBIO, N., «Sul formalismo giuridico», *Rivista italiana di Diritto e Procedura civile*, 1 (1958), pp. 992 y ss.
13. Cfr. ZACCARIA, G., «Razón jurídica e interpretación», en ID., *Dimensiones de la hermenéutica e interpretación jurídica*, Civitas, Madrid, 2001, pp. 99-110.
14. Arthur Kaufmann advierte de que la determinación del derecho no obedece a un método, sino al empleo de argumentos que pretenden intersubjetividad. Y el estudio de este proceso, aunque sea racional, ha de tener en cuenta también los elementos no

En consecuencia, parece complicado que la producción del derecho pueda automatizarse por completo. Desde luego, algunas operaciones sencillas en las que la aplicación es una derivación inmediata sí son susceptibles de esa mecanización. Quizá para el primer tipo de aplicaciones de normas sería mejor hablar de concreción automatizada del derecho. Pero la mayoría de las concreciones no puede reducirse a un conjunto de instrucciones que se suceden sin necesidad de elegir entre alternativas. Es cierto que una norma jurídica puede considerarse como una instrucción para resolver un problema y que el receptor de la norma debe seguir esa instrucción de la forma más cercana posible para respetar la separación de poderes y la seguridad jurídica. Pero, al mismo tiempo, la ambigüedad del lenguaje y las variaciones circunstanciales impiden que esas instrucciones puedan ser cumplidas con exactitud.

Este tipo de problemas que aparece en la concreción de las normas jurídicas, se acrecientan en otro tipo de decisiones jurídicas, como las decisiones constituyentes o legislativas. Efectivamente, la flexibilidad y apertura de los procesos argumentativos es aquí mucho más relevante en la medida en que los decisores en esos ámbitos tienen unos márgenes mucho más amplios y, por tanto, la imposibilidad de automatizar el resultado es completa[15].

Reparemos en algo que puede ser importante. La automatización suele ir unida con la idea de mecanización, lo que implica una derivación necesaria de la que no hay posibilidad de separarse; esa mecanización ha sido vista como característica del mundo físico desde la Modernidad, aunque se haya puesto en cuestión desde el surgimiento de la física cuántica[16]. En cualquier caso, la existencia de una decisión, es decir, de un proceso en el que se rompe esa causalidad necesaria, supone la inexistencia de automatización[17].

---

racionales presentes en la decisión, como el sentimiento jurídico (*Rechtsgefühl*). Cfr. KAUFMANN, A., *Das Verfahren der Rechtsgewinnung,* C. H. Beck, Múnich 1999, pp. 18 y ss. 39. El *Rechtsgefühl* es un concepto empleado en la ciencia jurídica alemana del siglo XIX y de difícil precisión. Kaufmann aludiría a nociones valorativas imprescindibles para entender los contenidos del ordenamiento.

15. Sobre decisiones constituyentes y legislativas *vid.* ROBLES, G., *Teoría del Derecho,* cit., pp. 103 y ss., 284 y ss. Manuel Atienza expone las diferentes dimensiones (comunicativa, prágmática, formal, teleológica) que implica una teoría de la legislación. Cfr. ATIENZA, M., *Contribución a una teoría de la legislación,* Madrid, Civitas, 1997, pp. 41 y ss. La teoría de la legislación es un territorio mucho menos explorado por los teóricos del derecho que la aplicación de las normas jurídicas, sobre todo las legales.

16. *Vid.* al respecto, ARANA, J., *Los sótanos del Universo,* Biblioteca Nueva, Madrid 2012, per totum.

17. Algunas formas de entender la neurociencia plantean que la decisión humana no es verdaderamente libre, ya que lo que entendemos por decisión está ya predeterminado

Sin embargo, la aparición de la inteligencia artificial (IA) quizá haya modificado esa situación y ahora sea posible una eficaz automatización de las decisiones jurídicas. La IA parece introducir una variante que permite la elección entre diversas alternativas jurídicas combinada con la ausencia de una decisión personal. Lo que, además, evitaría el papel representado por los factores sentimentales en la decisión, a los que aluden tantos estudiosos de la metodología.

III. LA IA JURÍDICA: ALCANCES Y LIMITACIONES

Desde un punto de vista conceptual la IA está sujeta a discusión, porque no está claro hasta qué punto es inteligente. Es inevitable, porque la misma noción de inteligencia está abierta a disputas filosóficas. Pero con independencia de esas discusiones es un hecho innegable que la IA funciona y es capaz de resultados que son propios de una actividad inteligente humana. En efecto, esa quizá sea la definición más abarcadora de esta tecnología. Esa efectividad también está presente en el derecho. Como ha estudiado José Ignacio SOLAR CAYÓN, la IA jurídica es empleada en múltiples actividades. Revisa la documentación procesal, comprueba si una empresa cumple con la normativa reguladora de su actividad, resuelve disputas *on line*, redacta documentos, recupera información jurídica, predice decisiones judiciales[18].

Cabe preguntar si todos esos resultados son producto de una decisión automatizada. Responder a esta cuestión requiere alguna precisión sobre el funcionamiento de la IA. Lo primero que debe ser subrayado es que IA es una etiqueta que cubre una considerable diversidad de aplicaciones, programas y sistemas[19]. En el ámbito jurídico, en aras de la brevedad, es posible clasificar esa multiplicidad en dos acercamientos a la IA jurídica,

---

por interrelaciones neuronales previas al momento consciente de una supuesta decisión. No obstante, los experimentos en los que se basan esas explicaciones no son tan concluyentes como aparentan. Este es un tema demasiado complejo para tratarlo ahora. Una descripción de las relaciones actuales entre neurociencia y el origen de las valoraciones y decisiones humanas sobre la moral aparece en GONZÁLEZ LAGIER, D., *A la sombra de Hume*, Marcial Pons, Madrid 2017, per totum. El autor muestra las insuficiencias de la neurociencia cuando pretende derivar el origen de las ideas sobre moral exclusivamente de la actividad cerebral. Si estuviese probado un mecanicismo decisorio en el cerebro humano, quizá sería más factible diseñar ese mecanicismo para la IA. Pero lo primero no está probado. La decisión humana (y, por tanto, la jurídica) sigue en ese plano de complejidad no automática.

18. *Vid.* SOLAR CAYÓN, J. I., *La inteligencia artificial jurídica*, Thomson Reuters / Aranzadi, Cizur Menor, 2019, cap. III.
19. Cfr. BODEN, M., *Inteligencia Artificial*, trad. de I. Pérez Parra, Turner, 2017, p. 29.

tal y como señala Karl BRANTING: la centrada en la lógica y la centrada en los datos[20].

En la primera vertiente, los expertos en IA establecen sistemas que, a partir de una representación de conocimiento (la denominada ontología), derivan la solución jurídica empleando reglas lógicas de tipo variado. Los investigadores de esta línea de IA son conscientes de que la lógica denominada monótona y deductiva no es aplicable a la mayor parte del derecho. La crítica a la aplicación deductiva de la ley a la que me he referido en las páginas anteriores está conectada a la crítica de la lógica en el derecho, entendida esta al modo deductivo. Pero desde el siglo XX, sobre todo desde su segunda mitad, las investigaciones en este campo han visto el desarrollo de lógicas diferentes: no monotónica, derrotable, difusa, etc. En ellas la solución al problema no se deriva de manera directa desde la premisa, sino que ha de tener en cuenta que puede aparecer una razón alternativa que quite validez a la premisa; o, como ocurre en la lógica difusa, permite una gradación de valores entre la verdad y la falsedad. Sin embargo, la aplicación al derecho de estas lógicas alternativas sigue siendo complicada. Porque la clave para solucionar un problema jurídico (salvo los casos considerados fáciles) depende de la elección de las premisas y la calidad de las razones y esas cuestiones no las resuelve la lógica, aunque sea alternativa. Los esquemas lógicos proporcionados por los investigadores de IA lógica son formalizaciones *a posteriori* de razonamientos jurídicos en los que la solución viene determinada por elecciones y valoraciones en las que la lógica (necesariamente formal, aunque sea derrotable o difusa) no es el elemento decisorio.

Un ejemplo son sistemas como AGATHA o CARNEADES, que pretenden expresamente automatizar la producción de argumentos en la casuística del *Common Law*. Este tipo de sistemas, como AGATHA, ofrecen un conjunto de casos conectados con árboles de argumentos con la intención de exponer los puntos clave de esos casos y los argumentos que pueden derivarse de ellos. Pretenden establecer teorías, lo que en la terminología de la IA significa una construcción con argumentos dotados de peso diferente vinculados a casos reales formalizados que podrían servir para automatizar la obtención de nuevos argumentos. Con esa finalidad los autores de estos sistemas seleccionan los casos, introducen valores como la simplicidad, el poder explicativo o la profundidad, tareas que, reconocen, requieren la intervención de habilidades específicamente humanas como la capacidad de juicio; confían, no obstante, en que estas teorías están abiertas a la

---

20. Cfr. BRANTING, K., «Data-centric and logic-based models for automated legal problema solving», *Artificial Intelligence and Law*, 25, (2017), pp. 6 y ss.

automatización[21]. Lo cierto es que este tipo de sistemas se asemejan a catálogos de tópicos jurídicos disponibles para el jurista, necesitados tanto de la selección previa como de la valoración posterior para su aplicación a un caso concreto por parte del humano. Y es que este uso de la lógica en la IA jurídica adolece de la limitación que, en general, la lógica tiene en el derecho: aunque el pensar del jurista haya de seguir reglas lógicas para ser razonable y coherente, la lógica no sirve para seleccionar las premisas y darles contenidos; ese es campo de la retórica, la tópica y la argumentación[22]. Y en esos campos, las formalizaciones lógicas de la IA jurídica esquematizan *a posteriori* razonamientos humanos, pero por ahora no consiguen máquinas que produzcan argumentos de manera autónoma. La argumentación automatizada mediante estos modelos no parece viable en el estado actual de la IA lógica. Como señala Karl BRANTING, esta vertiente de la IA tropieza con dificultades por ahora insalvables a causa de la ambigüedad del lenguaje normativo y la apertura de las cuestiones interpretativas que no pueden ser procesadas. La IA centrada en los datos parece más prometedora[23].

En estas técnicas, las máquinas procesan cantidades de datos ingentes con rapidez extraordinaria para buscar y encontrar correlaciones entre patrones. La vertiente más difundida de este tipo de IA es aprendizaje automático y el aprendizaje profundo, en el que las correlaciones a partir de los datos introducidos por el programador se refuerzan cuando son exitosas. La difusión de estos sistemas en la IA jurídica es notable. Los sistemas predictivos, tanto los de comportamientos relevantes para el derecho como

---

21.   Cfr. CHORLEY, A. / BENCH-CAPON, T., «AGATHA. Using heuristc search to automate the construction of case law theories», *Artificial Intelligence & Law*, 13, (2006), pp. 22 y ss. 41 y ss. CHORLEY, A. / BENCH-CAPON, T., «AGATHA: Automation of the Construction of Theories in Case Law Domains», pp. 90 y ss. ATKINSON, K. / BENCH-CAPON, T., «Relating the ANGELIC Methodology and ASPIC+», *Frontiers in AI and Application Computational Models of Argument*, IOS Press, 2018, passim.

22.   *Vid.* al respecto, KLUG, U., *Juristische Logik*, Berlín, Springer, 1982, pp. ATIENZA, M., *Curso de argumentación jurídica*, Madrid, Trotta, 2013, pp. Gregorio Robles conecta la realidad decisional del derecho con la insuficiencia de la lógica: el operador jurídico tiene que decidir, mientras que la lógica implica la necesariedad de la solución; en consecuencia, en el derecho domina la argumentación que apoya las decisiones. Quizá quepa cierta armonía entre esas diferentes posiciones. Cfr. ROBLES, G., Teoría del Derecho, cit., pp. 87 y ss. Carlos Alchourrón y Eugenio Bulygin explican que el razonamiento justificatorio en el derecho es de tipo deductivo, aunque el establecimiento de las premisas provenga de otro tipo de operaciones de pensamiento. Cfr. su «Los límites de la lógica y el razonamiento jurídico», en ALCHOURRÓN, C. / BULYGIN, E. (EDS.), *Análisis lógico y derecho*, Centro de Estudios Constitucionales, Madrid 1991, pp. 303 y ss. Por eso, estos autores escriben en ese estudio sobre la factiblidad en principio de sistemas expertos de IA que pueden desarrollar esos razonamientos deductivos. El problema está para la IA jurídica (ellos no tratan la cuestión) en la formalización de ese aspecto no deductivo del razonamiento.

23.   Cfr. BRANTING, K., *op. cit.*, pp. 7 y ss.

los de operadores jurídicos, usan estos procedimientos, aunque es preciso tener en cuenta que muchos sistemas tienen un carácter mixto, recogiendo también elementos de la IA lógica. Las vertientes de este tipo de IA son numerosas: la recuperación de información jurídica, la revisión de documentación, los sistemas predictivos de decisiones judiciales o de comportamientos relevantes para el derecho (reincidencia de un condenado, probabilidad de fraude fiscal, etc.)[24].

Es habitual afirmar que estamos ante agentes autónomos que deciden, entre otros motivos, porque el proceso de comparación de pautas y emisión de un resultado no siempre es completamente predecible y explicable por parte del programador. No obstante, el funcionamiento de esos sistemas, incluidos los de aprendizaje profundo, está lejos de consistir en decisiones autónomas. En primer lugar, es un tanto engañoso hablar de aprendizaje. Porque estos sistemas detectan patrones sometidos a lenguaje computacional en los datos suministrados y proporcionan un resultado: es el humano que programa y que lee los resultados el que aprende. La denominación «estadística automatizada» es más adecuada que la de aprendizaje, como señala David DANKS[25].

IV. DIFICULTADES PARA AUTOMATIZAR

Lo cierto es que la ambigüedad textual y la complejidad de los asuntos jurídicos dificultan el empleo de la IA para las decisiones aplicativas de normas; en el caso de las decisiones judiciales, esa realidad es manifiesta, aunque es preciso recordar que parte de los asuntos que llega a los tribunales repite las mismas pautas, y esa faceta del trabajo judicial podría estar apoyada por la IA; en cambio, otra parte es refractaria a la automatización[26].

Estas dificultades son aún mayores en otras decisiones como la constituyente y la legislativa. Esa realidad no impide el empleo de IA en la pro-

---

24. Sobre este abanico de funciones *vid.* SOLAR CAYÓN, J. I., *Inteligencia artificial jurídica*, cit., pp. 200 y ss.
25. Cfr. DANKS, D., arning», FRANKISH, K. / RAMSEY, W. M. (eds.), *The Cambridge Handbook of Artificial Intelligence*, Cambridge, Cambridge University Press, 2014 (reimpr., 2018), pp. 158 y ss. El autor explica que esa ausencia de aprendizaje puede deberse a dos motivos: la imposibilidad de un lenguaje computacional para captar significados y aprender en el sentido auténtico o al estado actual de la teoría de la computación, que aún no está suficientemente desarrollada. Con independencia de la causa, lo que parece cierto que la máquina ni aprende ni comprende los contenidos de aquello que procesa.
26. Cfr. NIEVA, J., *Inteligencia Artificial y proceso*, Marcial Pons, Madrid 2018, pp. 30 y ss.

ducción normativa. Es lo que ocurre con su empleo, aliada con el análisis de datos masivos, como apoyo en los procesos de participación colectiva para la alegación ciudadana a los proyectos de regulación planteados por las agencias federales de los EE.UU. Se trata en todo caso, del rastreo de opiniones, datos empíricos, etc. y no de la toma de decisiones normativas por parte de sistemas de IA[27].

Esa dificultad, más bien imposibilidad, que tienen las máquinas para desenvolver auténticas decisiones jurídicas, que implican valoraciones, aperturas a los aspectos circunstanciados de un problema aparece con claridad cuando los investigadores en IA pretenden introducir criterios éticos en su funcionamiento. Es llamativo que las publicaciones al respecto muestren más bien una actitud prospectiva, llamando la atención sobre la necesidad de tener en cuenta esos aspectos si la IA alcanza el desarrollo de una auténtica inteligencia. Y es que, como reconocen los ingenieros expertos en estas cuestiones, tenemos una IA débil, no fuerte; esta sería capaz de desarrollar tareas múltiples, ser autoconsciente y hacerse cargo de la situación que tiene en el mundo; para eso debería tener un mundo, es decir, poseer ese conjunto de sobreentendidos, conocimientos diversos, horizontes compartidos (entre otras cosas gracias a la interacción física) de los que carecen máquinas conformadas por lenguaje computacional[28]. La imposibilidad de adoptar una posición en el mundo es lo que produce la ausencia de verdaderas decisiones. El funcionamiento automático deja de ser útil ante realidades que no son automáticas. Y al no serlo, el lenguaje formalizado que funciona de esa forma falla también[29].

---

27.   *Vid.* CANALS, D., «El proceso normativo ante el avance tecnológico y la transformación digital (Inteligencia Artificial, redes sociales y datos masivos)», *Revista General de Derecho Administrativo*, 50, (2019), pp. 12 y ss. Sobre la ayuda que la IA puede ofrecer para racionalizar el proceso legislativo, *vid.* MALO, N., «Una primera aproximación al uso de la Inteligencia Artificial como apoyo en el proceso legislativo», *Ius et Scientia* 7 (2), (2021), per totum.

28.   Sobre las diferencias entre IA débil y fuerte y las dificultades para desarrollar la segunda, *vid.* LÓPEZ DE MÁNTARAS, R. / MESEGUER, P., *Inteligencia artificial*, Madrid, CSIC, 2020, pp. Tal vez el problema resida en pretender que la IA reproduzca y simule la inteligencia humana, cuando en realidad es una tecnología capaz de desarrollar algunas funciones (que son propias de la inteligencia humana) con notable eficacia. Cfr. DURT, C., «Artificial Intelligence and Its Integration into the Human Lifeworld», en VOENEKY, S. / KELLMEYER, P. / MUELLER, O. / BURGARD, W. (EDS.), *The Cambridge Handbook of Responsible Artificial Intelligence*, Cambridge, Cambridge University Press, 2022, pp. 67 y ss.

29.   A pesar de que los programas de IA se denominen a veces agentes morales, carecen de las características de un auténtico actuar moral. Catrin Misselhorn, por ejemplo, sostiene que la IA funciona de manera impredecible desde la programación inicial y considera que eso es decidir; y, por tanto, a veces será necesario introducir criterios

Y es que el límite de la IA jurídica está en el límite de la formalización. Hace ya varias décadas, Gerhard FREY se preguntaba por las posibilidades de exponer la realidad mediante formalismos matemáticos y respondía que toda formalización tiene límites: la realidad es explicable mediante estructuras, porque esas estructuras creadas por el pensamiento humano tienen relación con aspectos empíricos, pero no toda la experiencia es susceptible de esa formalización. Aunque no sea posible establecer *a priori* la frontera, hay esferas de la experiencia —subraya FREY— que sólo son comprensibles y no sujetas a la construcción propia del formalismo[30]. FREY no precisa qué hemos de entender por comprensión, aunque rechaza la clásica distinción entre ciencias de la naturaleza y ciencias del espíritu que atribuía la comprensión sólo a la segunda; para FREY estructuras formales y comprensiones existen en todos los ámbitos de la experiencia. Pero creo que podemos aplicar su apreciación a la IA. Sin duda, el derecho, y específicamente los procesos decisorios que lo conforman, tienen un componente estructural formalizable que puede ser trasladado a la IA. Pero también tiene un elemento de comprensión que, o debe ser introducido en la IA por programadores humanos, o es tan ajeno a los funcionamientos de la IA que permanece como competencia exclusiva del jurista humano. Porque, como sostiene Silvia BARONA, no es posible decir que la máquina piense como un jurista: aquella consiste en una «suma ágil de cálculos de probabilidad basada en la explotación de datos», pero eso no es pensar, porque las máquinas ni piensan ni comprenden[31].

Quizá la confusión acerca de las sedicentes decisiones automáticas se deba a una peculiaridad de la IA que parece contravenir la descripción de los comportamientos habituales que describió la Física moderna; para esta, el mundo físico se organiza de manera mecánica, es decir, con movimientos encadenadamente necesarios, de los que estaba ausente cualquier desviación y de ahí su predecibilidad. Los automatismos se identificaban con la necesidad mecánica y, en efecto, los sistemas de IA funcionan de manera automatizada, es decir, los pasos de un estado a otro están mecanizados;

---

morales. Pero al mismo tiempo reconoce que los agentes artificiales no son agentes morales en sentido kantiano, porque no tienen voluntad ni inclinaciones, tampoco tienen intencionalidad, ni creencias, ni las habilidades lingüísticas complejas que permiten adquirir lo anterior. Y afirma que es cuestión abierta si las máquinas podrán alcanzar tales características alguna vez. Cfr. MISSELHORN, C., «Artificial Moral Agents: Conceptual Issues and Ethical Controversy», en *The Cambridge Handbook of Responsible...*, cit., pp. 32 y ss.

30. Cfr. FREY, G., *La matematización de nuestro Universo*, trad. de J. Barrio, G. del Toro, Madrid 1972, pp. 141 y ss.
31. Cfr. BARONA, S., «Una justicia "digital" y "algorítmica" para una sociedad en estado de naturaleza», en BARONA, S. (ED.), *Justicia algorítmica y neuroderecho*, Tirant, Valencia 2021, pp. 46-47.

como hemos visto, no hay un sujeto consciente que decida y sopese diferentes posibilidades; pero, por otra parte, el resultado no es completamente predecible desde los puntos iniciales, y los propios programadores son incapaces de saber cómo los algoritmos de aprendizaje profundo comparan los patrones y proporcionan un resultado. Dicho con la terminología de las Teorías del Caos y la Complejidad, estamos ante un sistema dotado de una dinámica no lineal y que une el determinismo y la dependencia de las condiciones iniciales con la impredecibilidad del resultado dentro de unos márgenes[32]. No estoy afirmando que la IA esté formada por algoritmos construidos con matemáticas del caos, porque esa interacción es algo tentativo hasta ahora y en todo caso no alcanza a la IA jurídica. Pero traigo a colación esas teorías como un ejemplo de la existencia de sistemas que funcionan de manera determinista y al mismo tiempo de manera no lineal, es decir, con desviaciones cuya trazabilidad escapa al observador. Y la IA basada en datos funciona en buena medida de esa manera.

A la vista de lo señalado en los párrafos anteriores, la automatización excluye la decisión por parte de la máquina. La atención debe dirigirse entonces al comportamiento de los programadores que elaboran la IA jurídica. Porque ahí sí hay una auténtica decisión.

V. REGULACIÓN DE LA AUTOMATIZACIÓN

Si bien la máquina dotada de IA no es capaz de decidir, en el sentido que esta palabra posee en la experiencia humana, no cabe duda, sin embargo, de que la IA, sobre todo la basada en datos, es capaz de proporcionar a veces una respuesta jurídica mediante la comparación de patrones y el sucesivo refuerzo y «aprendizaje». Aunque en realidad no estemos ante un problema de inteligencia auténticamente jurídica, sí debemos preguntarnos hasta qué punto es admisible en nuestro orden jurídico solucionar un problema mediante un proceso automatizado.

Planteado así, el problema forma parte de una cuestión más amplia: las justificaciones de las decisiones jurídicas. En este caso, la cuestión de la justificación de la IA jurídica habrá de moverse en dos planos. En primer lugar, será preciso investigar la posición de quienes elaboran los programas (com-

---

32. Sobre las características de las teorías del caos y la complejidad aplicadas al derecho, *vid.* MANCHA, P. M., *Teoría de la complejidad, caos y Derecho: una lectura jurídica de las dinámicas emergentes y no lineales*, Marcial Pons, Madrid 2017, per totum. El autor señala que las teorías del caos y la complejidad tienen un origen matemático, cierta aplicación en Física y un trasvase discutido al derecho. Y afirma que no está claro si las aportaciones del caos a la teoría jurídica son más que una metáfora para explicar que en el derecho no suelen funcionar los sistemas axiomáticos y deductivos.

petencia, legitimación, razones que emplean el diseño del algoritmo) y en segundo lugar el del uso mismo del resultado del programa, para establecer hasta qué punto puede tener el estatus de un argumento jurídico[33]. No es asunto fácil.

En primer lugar, es necesario señalar que en un Estado de Derecho la justificación de la decisión obedece a diferentes criterios. Es prioritario el imperio de la ley: la solución al problema deberá basarse en las normas jurídicas válidas y vigentes dentro del orden jurídico. Pero, como ya indicaba más arriba, la concreción del derecho desde la norma general no siempre es un proceso lineal; es preciso tomar decisiones entre posibilidades y éstas deberán fundarse en razones jurídicamente admisibles. Dicho de otra forma, en un Estado de Derecho, los diferentes pasos de creación de las normas y de la determinación de la solución concreta requieren dar razones que sean públicamente defendibles[34]. Pero no es fácil establecer qué sea una razón admisible; para averiguarlo será preciso acudir a instancias diversas como el Derecho Constitucional o las teorías sobre la argumentación.

A la hora de investigar la justificación de la IA jurídica es preciso distinguir nuevamente entre la IA basada en la lógica y la basada en datos. La primera no plantea demasiados problemas, porque posee una estructura abierta con esquemas y grafos argumentativos que exponen el curso de la solución jurídica. Si estos sistemas funcionan como heurísticos, como almacenes de tópicos jurídicos, basados en valoraciones y juicios previos, su empleo sería admisible como apoyo en la medida en que contiene ya las justificaciones. Esta línea de investigación en IA es reconstrucción de lo decidido más que la creación de una máquina que decida por sí misma, así que no plantea muchos problemas de justificación, ya que contiene estructuras argumentativas expresamente introducidas por sus autores.

Pero, como ya he dicho, la IA jurídica más eficaz en la basada en datos, y esta plantea más problemas para justificar sus soluciones. El motivo no está claro. Recordemos que el funcionamiento de la IA basada en datos puede estar a cargo de algoritmos cuyo funcionamiento no es completamente explicable por parte de sus programadores; y aunque sea explicable en términos computacionales, el traslado de esa explicación al lenguaje del jurista y del ciudadano en general será complicado: la falta de transparencia

---

33. Me refiero sólo a la IA jurídica, no a otros usos de la IA que tengan relevancia para el derecho, como los vehículos automáticos y la responsabilidad por dañoso las imágenes generadas mediante IA y la propiedad intelectual.

34. Cfr. BRÜGGEMANN, J., *Die richterliche Begründungspflicht. Verfassungsrechtliche Mindestanforderungen an die Begründung gerichtliche Entscheidungen*, Duncker & Humblot, Berlín 1971, pp. 35, 134, 152, 161.

es un problema en la IA basada en datos. Problema que se acrecienta en la IA jurídica, porque el empleo de programas y sistemas de este tipo para basar una decisión jurídica implicaría que el receptor de la decisión no podría saber cuál es la justificación de esa decisión que le afecta. Esa carencia justificadora no es admisible en nuestro orden jurídico, si atendemos a los preceptos normativos que afectan a esta cuestión. En consecuencia, la regulación tendrá que dirigirse al momento previo: a la elaboración de los algoritmos y a las decisiones acerca de los datos, patrones, y otros elementos; esos aspectos son los que el orden jurídico ha de regular estableciendo competencias y procedimientos.

Por supuesto, a la hora de establecer esos requisitos reguladores es preciso distinguir diferentes tipos de decisiones. La regulación es (parcialmente) diferente si la IA es empleada en el ámbito privado o en el público; en este segundo caso, los requisitos variarán si la decisión es administrativa o judicial, por ejemplo.

No facilita la situación que la regulación en nuestro orden jurídico de la intervención de la IA en las decisiones jurídicas sea escasa. El precepto clave al respecto es el art. 22 del vigente Reglamento de Protección de datos 2016/679, que prohíbe la creación de perfiles y las decisiones tomadas sólo a partir de datos automatizados, salvo las excepciones y consentimientos previstos en ese artículo. En principio, este precepto excluye las decisiones jurídicas completamente automatizadas, tanto públicas (actos administrativos, sentencias judiciales) o las que puedan tomarse en el ámbito privado. A pesar de los intentos de precisión detallista propios de las normas de la UE, surgen los inevitables problemas interpretativos[35].

El primer aspecto reseñable es que el artículo no prohíbe sin más todo tipo de decisión automatizada: contiene excepciones. Pero lo que ahora me interesa destacar es qué características ha de poseer un sistema para que lo consideremos automático; en función del grado de automatización las cautelas habrán de ser unas y otras.

---

35. La Ley Orgánica de Protección de Datos y recoge en su art. 18 los derechos que asisten al ciudadano relacionados con las decisiones automatizas remitiendo el contenido a los dispuesto en los arts. 21 y 22 del RGPD. Por su parte, la Ley Orgánica 7/2021 de Protección de Datos personales en el ámbito penal (que traspone la Directiva 2016/680 sobre protección de datos en el ámbito penal) prohíbe en su artículo 14 las decisiones automatizadas y la elaboración de perfiles con efectos jurídicos negativos o que le afecten significativamente, salvo lo dispuesto en contra en norma con rango de ley o de la Unión Europea. Pero esas decisiones no pueden basarse en las categorías del art. 13 que se refieren al sexo, religión, raza, etc. En todo caso, el régimen regulador de estas normas sigue la línea establecida en el RGPD sobre decisiones automatizadas.

A la hora de utilizarlos en la decisión administrativa es preciso tener en cuenta, como señala Agustín CERRILLO, que la mayoría de los autores está de acuerdo en que las Administraciones Públicas pueden utilizar la IA para decisiones automatizadas basadas en el ejercicio de potestades regladas. Las exigencias son diferentes cuando se trata de decisiones discrecionales que emplean IA. Si el resultado proporcionado por la IA es un elemento más tenido en cuenta como instrumento de apoyo para tomar la decisión, no hay problemas para admitirlo, porque quien decide es el titular del órgano[36]. Pero en estos supuestos, ese empleo debe estar sometido a las obligaciones de trasparencia, supervisión y control humanos; porque, como señala Alejandro HUERGO, la IA funciona en este caso como un criterio técnico para la decisión y sujeto a los mismos requisitos[37].

Las cautelas previstas por el GRUPO DE TRABAJO SOBRE PROTEC-CIÓN DE DATOS DEL ARTÍCULO 29 en sus *Directrices sobre decisiones individuales automatizadas y elaboración de perfiles a los efectos del Reglamento 2016/679* (2018) son útiles al respecto, especialmente cuando exigen una efectiva supervisión humana para evitar la prohibición de una decisión exclusivamente automatizada. No sería admisible una supervisión humana que fuera meramente aparente: «Para ser considerada como participación humana, el responsable del tratamiento debe garantizar que cualquier supervisión de la decisión sea significativa, en vez de ser únicamente un gesto simbólico. Debe llevarse a cabo por parte de una persona autorizada y competente para modificar la decisión. Como parte del análisis, debe tener en cuenta todos los datos pertinentes». Como podemos ver, es cuestión abierta qué entendamos por «supervisión significativa»[38].

Menos dudoso es el estatus de una posible decisión judicial automatizada. No sólo estaría excluida por el art. 22 del RGPD, sino por el derecho a la tutela judicial efectiva del art. 24 de la Constitución Española. En efecto, la tutela judicial implica el derecho a obtener una resolución fundada en derecho y suficientemente motivada (exigencia reforzada en el art. 120.3 de la Constitución). Y esas motivaciones deben estar basadas en las normas del

---

36. Cfr. CERRILLO, A., «El impacto de la IA en las Administraciones Públicas: Estado de la cuestión y una agenda», en PERERA, M. / CERRILLO, A. (Eds.), *Retos jurídicos de la IA*. Aranzadi, Cizur Menor 2020, p. 81.

37. Cfr. HUERGO, A., «Administraciones Públicas e Inteligencia Artificial: ¿Más o menos discrecionalidad?» *El Cronista del Estado Social y Democrático de Derecho*, 96-97, 2021, per totum. Sobre los problemas de legitimación de la IA empleada para emitir actos administrativos, desde el derecho alemán, *vid.* HEROLD, V., *Demokratische Legitimation automatisiert erlassener Verwaltungsakte*, Duncker & Humblot, Berlín 2020.

38. *Vid.* PALMA, A., «Decisiones automatizadas en el RGPD el uso de algoritmos en el contexto de la protección de datos», *Revista General de Derecho Administrativo*, 50, (2019), pp. 3 y ss.

ordenamiento y en razonamientos desarrollados según los métodos propios de la ciencia del derecho[39]. Es evidente que el resultado aportado por un algoritmo cuyo diseño resulta difícilmente explicable carece de los requisitos que el Tribunal Constitucional exige a las resoluciones judiciales[40].

La preocupación por la transparencia pública de los aspectos automatizados que pueden influir en la decisión jurídica aparece también en la previsión del art. 13.2.f del RGPD, que obliga al responsable del tratamiento de a informar al interesado de «la existencia de decisiones automatizadas, incluida la elaboración de perfiles, a que se refiere el artículo 22, apartados 1 y 4, y, al menos en tales casos, información significativa sobre la lógica aplicada, así como la importancia y las consecuencias previstas de dicho tratamiento para el interesado».

Qué sea esa lógica es algo que precisa la Agencia Española de Protección de Datos, consciente de que esa información puede consistir en algo «opaco, confuso, e incluso conducir a la fatiga informativa», e indica que debe proporcionarse información que permita entender el funcionamiento del tratamiento. Como ejemplo de esa información adecuada que debe ser proporcionada la Agencia enumera: El detalle de los datos empleados para la toma de decisión, más allá de la categoría, y en particular la información sobre los plazos de uso de los datos (su antigüedad); la importancia relativa que cada uno de ellos tiene en la toma de decisión; la calidad de los datos de entrenamiento y el tipo de patrones utilizados; los perfilados realizados y sus implicaciones; valores de precisión o error según la métrica adecuada para medir la bondad de la inferencia; la existencia o no de supervisión humana cualificada; la referencia a auditorías, especialmente sobre las posibles desviaciones de los resultados de las inferencias, así como la certificación o certificaciones realizadas sobre el sistema de IA; en el caso de sistemas

---

39. Sobre los requisitos de la argumentación judicial desde el punto de vista constitucional, Cfr. FIGUERUELO, A., *El derecho a la tutela judicial efectiva*, Tecnos, Madrid 1990. RUIZ-RICO, G. / CARAZO, M.ª J., *El derecho a la tutela judicial efectiva. Análisis jurisprudencial*, Valencia, Tirant lo Blanch, 2013, p. 482. Cfr. PÉREZ ALGAR, F., «La relevancia constitucional del método jurídico. (Comentario a la STC 125/1989, de 12 de julio)», *Poder judicial*, 20, (1990), pp. 59 y ss., 66. Cfr. REQUEJO PAGÉS, J. L. «Juridicidad, precedente y jurisprudencia», en *Estudios de Derecho público en Homenaje a Ignacio de Otto*, Oviedo, Servicio de Publicaciones de la Universidad de Oviedo, 1998, pp. 241 y ss. Bien entendido que el Tribunal Constitucional no es competente para interpretar el ordenamiento ni ocuparse de la metodología. Ha de limitarse a comprobar que la argumentación judicial reúne los requisitos mínimos para ser razonable.

40. Sobre las posibilidades de introducir IA en la decisión judicial, con sus ventajas (afianzamiento de la certeza) y desventajas (dificultad de formalizar la mayor parte del derecho, exigencia de humanidad para juzgar, entre otras) que llevan a sus limitaciones constitucionales, *vid.* WOLFF, L., *Algorithmen als Richter*, Tréveris, Universidad de Tréveris, 2022.

adaptativos o evolutivos, la última auditoría realizada; en el caso de que el sistema IA contenga información de terceros identificables, la prohibición de tratar esa información sin legitimación y de las consecuencias de realizarlo[41].

No parece que el sentido de la palabra «lógica» usada en el art. 13 del RGPDA se identifique con lógica como arte de pensar o de pensar formalizado, aunque la referencia a los «patrones utilizados» sí que puede referirse a la estructura del algoritmo cuyos componentes pueden proceder de la lógica borrosa, esquemas argumentativos, etc. que ya hemos visto. Al menos recoge la pretensión de hacer visible el modo de funcionamiento para justificarlo mediante argumentos públicamente defendibles: la transparencia es uno de los principios directivos de la protección de datos en la UE, y esa exigencia está relacionada estrechamente con la razón y el discurso públicos.

Y los motivos son los que he expuesto en las páginas anteriores. Como resumía hace algunos años Daniele BOURCIER, la presencia humana para controlar la decisión automática es imprescindible, porque una decisión jurídica sólo puede provenir del ser humano, a causa de un argumento filosófico: sólo el hombre es capaz de apreciar un comportamiento humano. Además, los límites de la lógica hacen que no todo sea programable ni que sea posible representar o prever el comportamiento humano[42]. Expresado, en otros términos, la realización del derecho obliga a la presencia humana, ya que sólo el ser humano posee la comprensión necesaria para trabajar con las normas y los problemas. Esa exigencia de humanidad plantea exigencias ineludibles a la IA utilizada por las profesiones jurídicas. Podría pensarse que un algoritmo, con su procesamiento automatizado de datos, ajeno a toda valoración garantizaría la certeza en la aplicación normativa (asegurando así, por ejemplo, la independencia judicial propia de un Estado de Derecho). Pero el asunto, como hemos visto, no es tan sencillo. En primer lugar, muchos asuntos son refractarios a ese tratamiento asépticamente mecánico. En segundo lugar, aunque fuera posible esa mecanización, como también he señalado más arriba, los diseñadores del sistema, que seleccionan datos, protocolos y parámetros, pueden estar influidos por prejuicios y carecer de independencia; este problema se acrecienta si tales diseñadores son entidades privadas o entidades públicas diferentes de poder judicial: una situación así genera un problema grave de legitimidad para la decisión que un juez tome apoyado en tales sistemas. Me parece claro que, en tales

---

41. Cfr. AEPD, Adecuación al RGPD de tratamientos que incorporan Inteligencia Artificial. Una introducción, 2020, p. 24.
42. Cfr. BOURCIER, D., *Inteligencia artificial y derecho*. UOC, Barcelona 2003, pp. 165 y ss.

circunstancias, el ciudadano no vería protegido su derecho a la tutela judicial efectiva. Para que así fuera, sería precisa una supervisión adecuada de los sistemas para garantizar los principios constitucionales propios del Estado de Derecho[43].

La exigencia contenida en el RGPD de exponer la lógica del algoritmo quizá sea optimista en exceso, porque los algoritmos que producen soluciones pueden estar protegidos por el secreto comercial, o por la propiedad intelectual (como ocurre en el orden jurídico español), y aunque pueda exponerse públicamente su modo de funcionamiento, esa exposición sería inteligible sólo para expertos en IA[44]. Es difícil traducir el funcionamiento de los patrones del algoritmo a una argumentación asimilada a la forma en que los humanos dan razones de sus decisiones[45].

No obstante, la política de la UE sobre IA se mueve en esa línea protectora. Como ha señalado Fernando LLANO, aquella tiene un carácter antropogénico y antropocéntrico, porque concibe la IA como una técnica creada por el ser humano, con los riesgos que ello implica de uso del poder, y no como el desarrollo de una inteligencia que en breve sustituirá al ser humano; y, en segundo lugar, porque el eje alrededor del que debe girar la normativa europea sobre IA es la protección de la persona y sus derechos[46]. En 2018 la Comunicación de la Comisión al Parlamento Europeo, al Consejo Europeo y los Comités Económico y Social y de la Regiones mantenía que el desarrollo de la IA ha de estar basado en valores y que la UE crearía el «marco apropiado» para promover innovación y al mismo tiempo

---

43. Jordi Nieva alerta del peligro que supondría dejar en manos ajenas al control democrático público los sistemas de IA que empleara una hipotética judicatura futura: no porque el poder judicial lo ejercieran robots, sino porque los patrones que los programas tendrían en cuenta dependerían de los intereses de los sujetos y empresas que diseñan la IA. *Vid.* NIEVA, J., «Perder el control digital: ¿hacia una distopía judicial?» *Actualidad Civil*, 4, (2023), per totum.

44. Cfr. YOUNG, K., «Why worry about decision-making by Machine», en YOUNG, K. / LODGE, M. (EDS.), *Algorithmic Regulation*, Oxford, Oxford University Press, 2019, p. 28.

45. Cfr. YOUNG, K., ibid. Por otra parte, cabe plantear como hacen Young o Solar que las razones ofrecidas como fundamento de una decisión puramente humana no son las que verdaderamente han movido hacia la decisión. YOUNG, K., «Why worry...» cit., p. 28-29. SOLAR, J.I., «Inteligencia artificial en la justicia penal: los sistemas algorítmicos de evaluación de riesgos», en SOLAR CAYÓN, J.I. (Ed.), *Dimensiones éticas y jurídicas de la Inteligencia Artificial en el marco del Estado de Derecho*. Universidad de Alcalá de Henares, 2021 pp. 120 y ss.

46. *Vid.*, LLANO, F., «Ética de la IA en el nuevo marco jurídico de la UE», en BARONA, S. (Ed.), *Justicia algorítmica y neuroderecho. Una mirada multidisciplinar*, Valencia, Tirant, 2021, per totum. En esa línea, *vid.* también PERERA, M., «En búsqueda de un marco normativo para la IA», en PERERA, M. / CERRILLO, A. (Eds.), *Retos jurídicos de la IA*, Cizur Menor, Aranzadi, 2020, p. 48, que resalta la defensa de la dignidad humana

respete los valores y derechos fundamentales de la UE, así como principios éticos tales como la responsabilidad y la transparencia[47]. En esa misma línea, el *Libro Blanco sobre la IA* elaborado por la Comisión Europea, significativamente subtitulado *Un enfoque europeo orientado a la excelencia y la confianza*, busca crear un «ecosistema de confianza», en el que la regulación proteja los principios y valores de la Unión y los derechos de sus ciudadanos[48]. Movida por esos fines, la Propuesta de Reglamento del Parlamento y el Consejo, que aparece denominada como Ley de IA, pretende reducir el riesgo de discriminación algorítmica con la preocupación por el diseño y calidad de los datos introduciendo la «vigilancia humana durante el ciclo de vida» de los sistemas de IA, porque el uso de la IA con características tales como la opacidad, la complejidad, la dependencia de datos, y el comportamiento autónomo pueden tener consecuencias negativas en derechos fundamentales de la Carta de la UE. De ahí la importancia de la gestión de riesgos y la vigilancia humana para reducir al mínimo los problemas que pueda generar la adopción de decisiones asistidas por IA erróneas o sesgadas en esferas críticas como la educación, el empleo, la aplicación de la ley o el poder judicial[49]. Esa preocupación lleva a la división de la IA en tres niveles, según los problemas que pueda plantear. El primero es el de las prácticas prohibidas: la IA que sirve para crear técnicas subliminales que puedan alterar comportamientos y provocar perjuicios; la que aprovecha vulnerabilidades de grupos de personas (basadas en la edad, discapacidad, etc.) que puedan también alterar comportamientos; la IA empleada por parte de autoridades públicas para evaluar o clasificar la fiabilidad de las personas de forma que esa clasificación puede crear un trato perjudicial; finalmente quedan excluidas también los sistemas de identificación biométrica remota en tiempo real, salvo excepciones centradas en la persecución de delitos y protección de víctimas.

Otro nivel está formado por los sistemas de alto riesgo, que aparecen enumerados en un anexo de la Propuesta, y entre ellos está la IA empleada

---

en la política europea sobre la IA. En esto coincide con el Consejo de Europa, preocupado por la manera en que las decisiones algorítmicas pueden afectar a los Derechos Humanos y por buscar medios para atajar esos problemas con la colaboración entre académicos, ingenieros y políticos en un debate en que entre también el gran público. *Vid. European ethical Charter on the use of Artificial Inteligence in judicial systems and their environment*, CEPEJ, 2018, pp. 37-38. La *Carta* ha sido adoptada por la Comisión Europea para la Eficiencia de la Justicia, perteneciente al Consejo de Europa.

47.   P. 2.
48.   Pp. 11-13.
49.   Exposición de motivos, pp. 4, 12, 13. Karen Young alerta de los riesgos de que una decisión algorítmica, mediante el uso de perfiles, por ejemplo, pueda lesionar el derecho a ser tratado con dignidad y respeto, poniendo en peligro la capacidad de autonomía y autodeterminación. Cfr. YOUNG, K., *op. cit.*, p. 30.

con funciones de predicción, valoración de las pruebas, interpretación de las normas y aplicación de éstas a los hechos. En consecuencia, le aplicará (si entra en vigor la norma propuesta) el riguroso sistema de control y supervisión que prevé para esos sistemas, basado en la gestión de riesgos y en la permanente supervisión humana del proceso de funcionamiento de las herramientas, la intervención de Comités Europeos y Supervisores de datos[50]. En todo caso, la finalidad es armonizar el avance tecnológico con la protección de los derechos[51].

A partir de los trabajos, propuestas, comunicaciones y declaraciones de la UE, está claro que la IA jurídica en ese ámbito político sólo será admisible si funciona como apoyo de una decisión y si ese apoyo puede fundarse en razones públicamente defendibles. Y eso sólo será posible si las arquitecturas de los algoritmos poseen suficiente explicabilidad y transparencia, lo que no parece fácil. La causa no es sólo la peculiar conformación de los algoritmos, algo de lo que ya he hablado, sino la dificultad para diseñar IA jurídica que sea eficaz y al tiempo garantice esa exigencia de racionalidad. La Propuesta de la UE no indica nada acerca de la manera en que ha de diseñarse un sistema de IA jurídica, más allá de exponer las cautelas procedimentales para poder admitir en el ámbito de la UE tal herramienta.

Desde luego, regular jurídicamente una tecnología de la complejidad y el acelerado desarrollo que presenta la IA es complicado. En general, el derecho se muestra titubeante ante la ciencia y la tecnología, que han generado un ámbito que resulta difícilmente accesible a la legislación y a sus procedimientos[52]. Las propuestas para afrontar la regulación de la IA se dirigen a promover medios alternativos como la autorregulación, la intervención de organismos de supervisión a cargo de las propias empresas o externos e independientes, o mediante agencias de validación y calificación de algoritmos, confiando muchas veces en el establecimiento de principios

---

50. Tít. III, cap. I, art. 6, cap. 2, art. 9.
51. Cfr. PELAYO, A., «TIC, Inteligencia Artificial y crisis de la democracia», en SOLAR CAYÓN, J. I. (Ed.), *Dimensiones éticas y jurídicas de la Inteligencia Artificial en el marco del Estado de Derecho*, Universidad de Alcalá de Henares, 2021, p. 76, que considera esa importancia de los derechos y el interés general en la tecnología una característica de la «Marca Europa», frente al modelo chino de control y al estadounidense de beneficio.
52. Un estudio de los obstáculos que tiene el poder político estatal para normar jurídicamente este sector en ESTEVE PARDO, J., *El desconcierto del Leviatán. Política y derecho ante las incertidumbres de la ciencia*. Madrid, Marcial Pons, 2009, per totum. La investigación científica es tan compleja, requiere equipos organizativos tan extensos y sofisticados, que ha producido una «tecnociencia» dispuesta a autoorganizarse y ante la que la legislación habría de adoptar un papel receptor de lo decidido por los centros de poder científico. Aunque el libro no se refiere expresamente a la IA, sus reflexiones le son plenamente aplicables.

y estándares éticos más que en la legislación[53]. Aunque la política europea parece tender hacia la normativización política, frente a la autorregulación que preferiría el sector privado[54], la Ley de IA propuesta por la UE está llena de conceptos jurídicos indeterminados y adolece de cierta vaguedad, consecuencia de la dificultad de regular esta tecnología[55].

Esas dificultades llevan a una defensa de técnicas autorreguladoras y de códigos éticos. De ahí, como señala SOLAR CAYÓN, la importancia de la ética y los saberes humanistas interrelacionados con las nuevas tecnologías, lo que lleva a la aparición de «ingenieros jurídicos» y «científicos de datos jurídicos»[56]. Conectado a esta tendencia está el desarrollo de una «Ética de la computación» que se ocupe del diseño del *software* para que éste respete principios éticos básicos como la transparencia. Y también la proliferación de principios éticos destinados a la IA, basados en la transparencia o el respeto a la persona[57].

Con independencia de los instrumentos normativos elegidos, todas estas preocupaciones aplicadas a la IA jurídica nos muestran que estamos ante una tecnología manejada por seres humanos, tanto en el momento de su diseño, como en el de su empleo para la resolución de una cuestión jurídica. No es una inteligencia que decida de forma automática (tal cosa es, como decía al principio, una contradicción en los términos), sino un instrumento técnico tan poderoso como potencialmente peligroso que requiere una regulación atenta para preservar bienes jurídicos básicos.

---

53. Cfr. PERERA, M., *op. cit.*, pp. 44, 48.
54. Según PELAYO, *op. cit.*, p. 77, una autorregulación de la IA basada en manuales de bunas prácticas, acuerdos voluntarios, principios éticos, es insuficiente al carecer de coactividad y de preocupación por el interés general. Luciano Floridi es más pesimista y afirma el fracaso de la autorregulación en los asuntos digitales, incluyendo la IA. *Vid.* FLORIDI, L., «The End of an Era: from Self-Regulation to Hard Law for the Digital Industry», *Philosophy & Technology*, 34, 2021, pp. 619-622.
55. Cfr. HUERGO, A., *op. cit.*, in fine.
56. Cfr. SOLAR, J.I., La inteligencia artificial..., pp. 227 y ss.
57. Cfr. FLORIDI, L., «Soft Ethics and the Governance of the Digital», Philosophy & Technology, 31, (2018), per totum. *Vid.* también sobre la necesidad de un refuerzo ético en la regulación de estas tecnologías *vid.* MONASTERIO, A., «Ética algorítmica: Implicaciones éticas de una sociedad cada vez más gobernada por algoritmos», *Dilemata*, 9, (2017), per totum. Según STAHL esa ética debe buscar el «florecimiento humano», la consecución de una buena vida, de forma que la IA no sirva para controlar, sino para el despliegue de las capacidades humanas. STAHL, B. C., *Artificial Intelligence for a Better Future*. Springer, 2021. pp. 21 y ss. Sobre Ética de la computación *vid.* FELTRERO, R., «Ética de la computación: principios de funcionalidad y diseño», *Isegoría*, 34, (2006). Feltrero, muestra preocupación por la agencia moral de computadores a la hora de diseñar esa ética (p. 90). Pero, significativamente, no entra en consideraciones sobre el modo en que puede haber actuación moral en ese nivel.